Este Livro é da Princessa

_____

Princesa

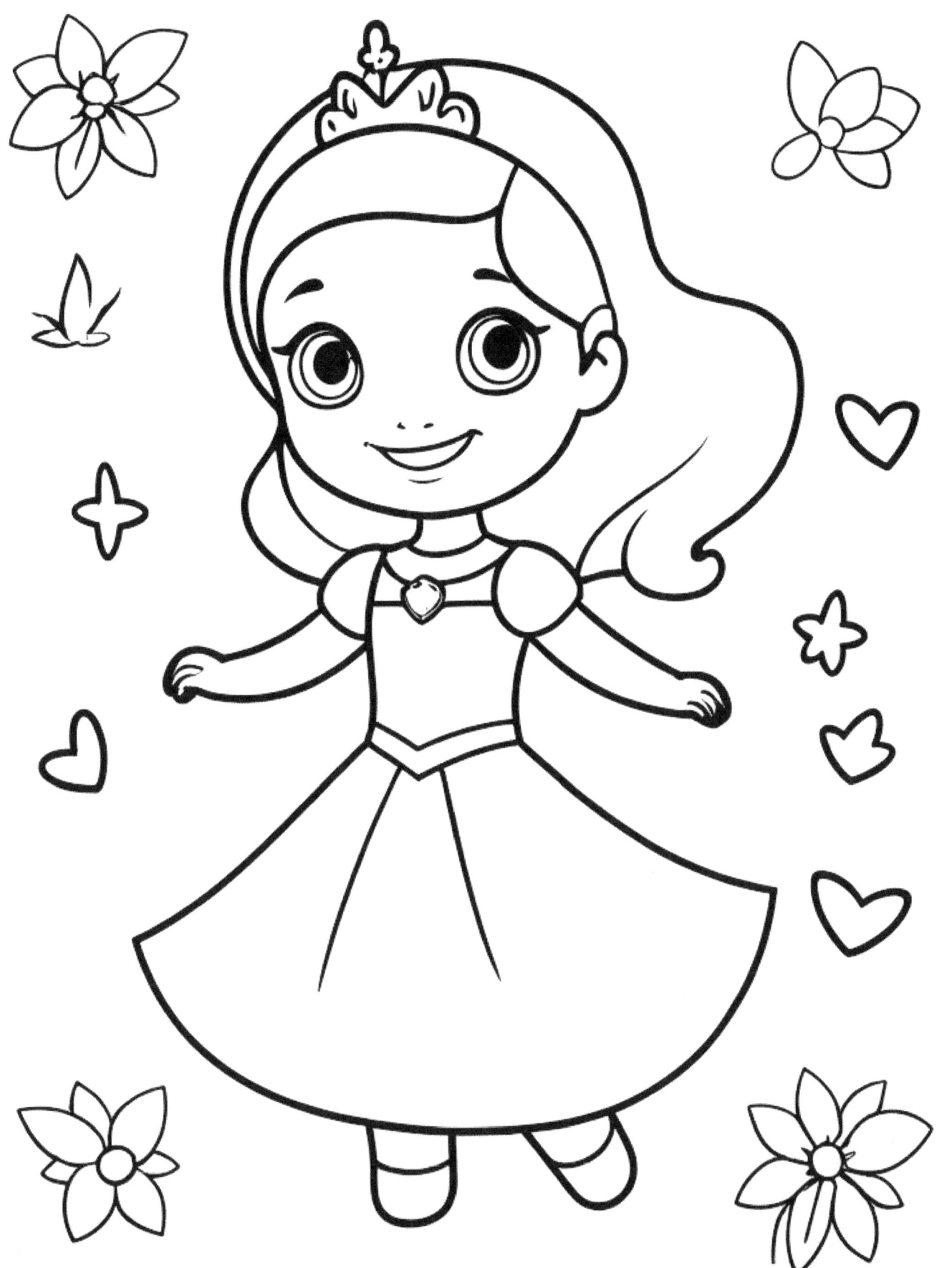

Princesa

_____

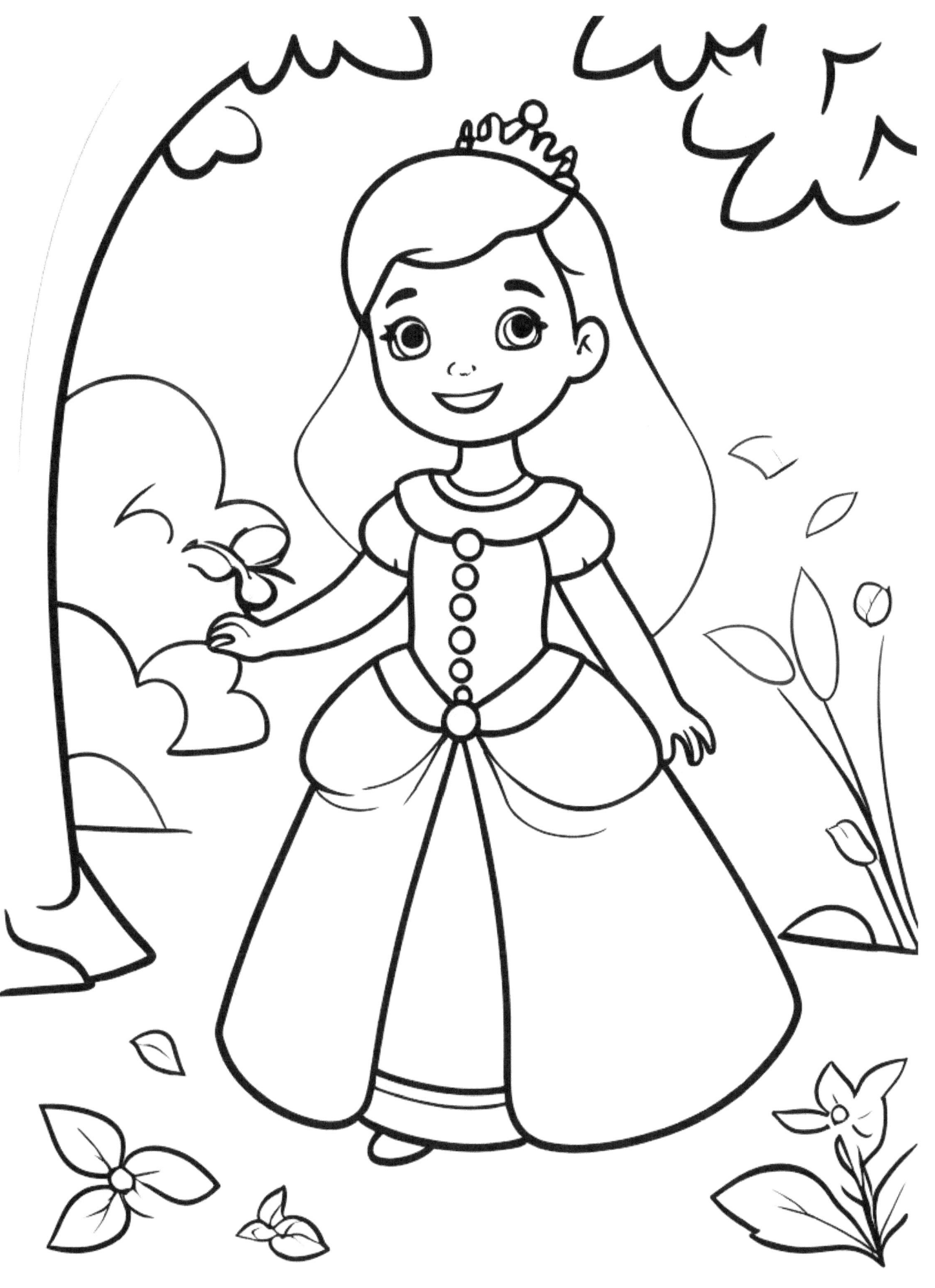

Princesa
_____

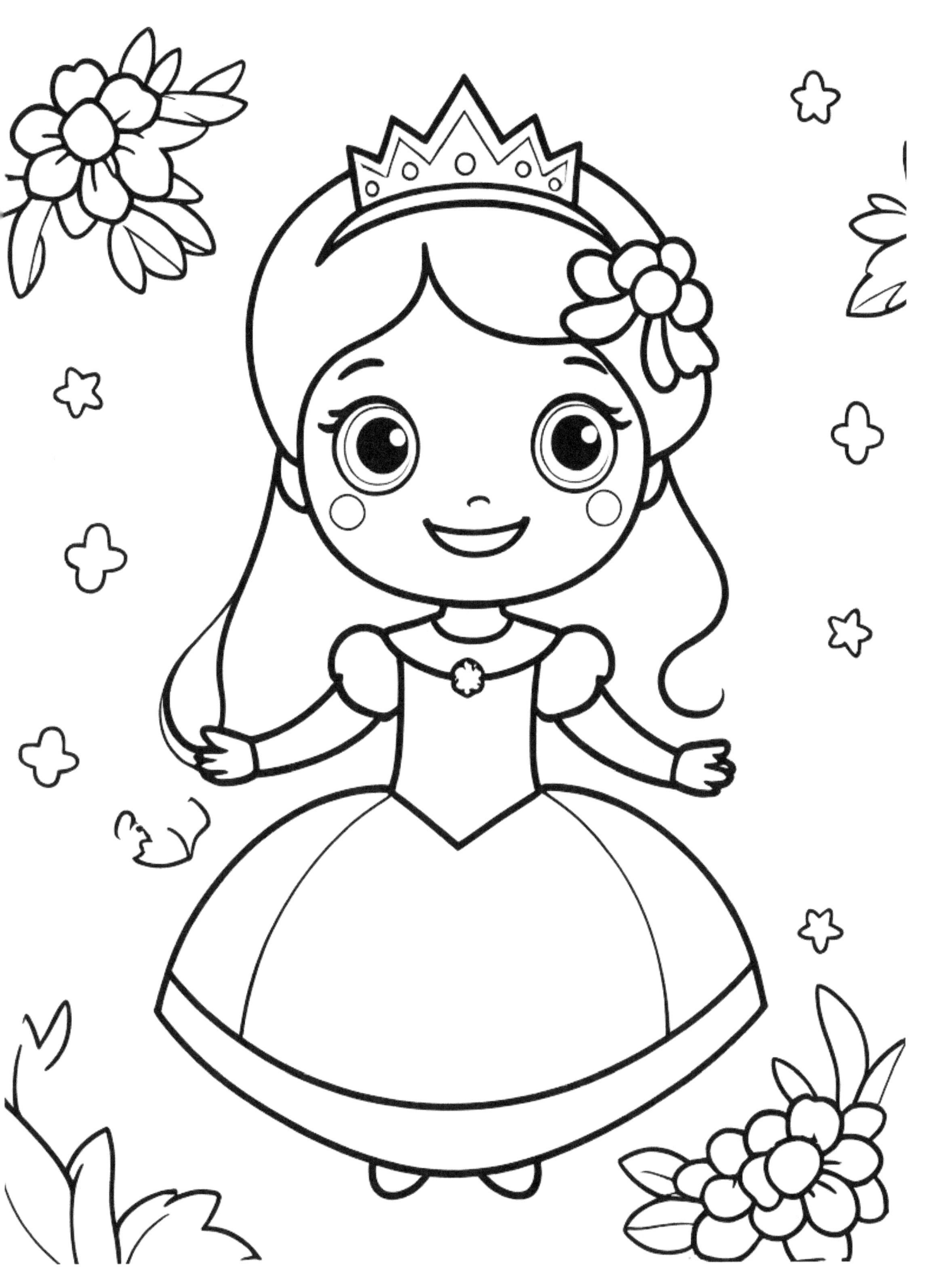

Princesa

_____

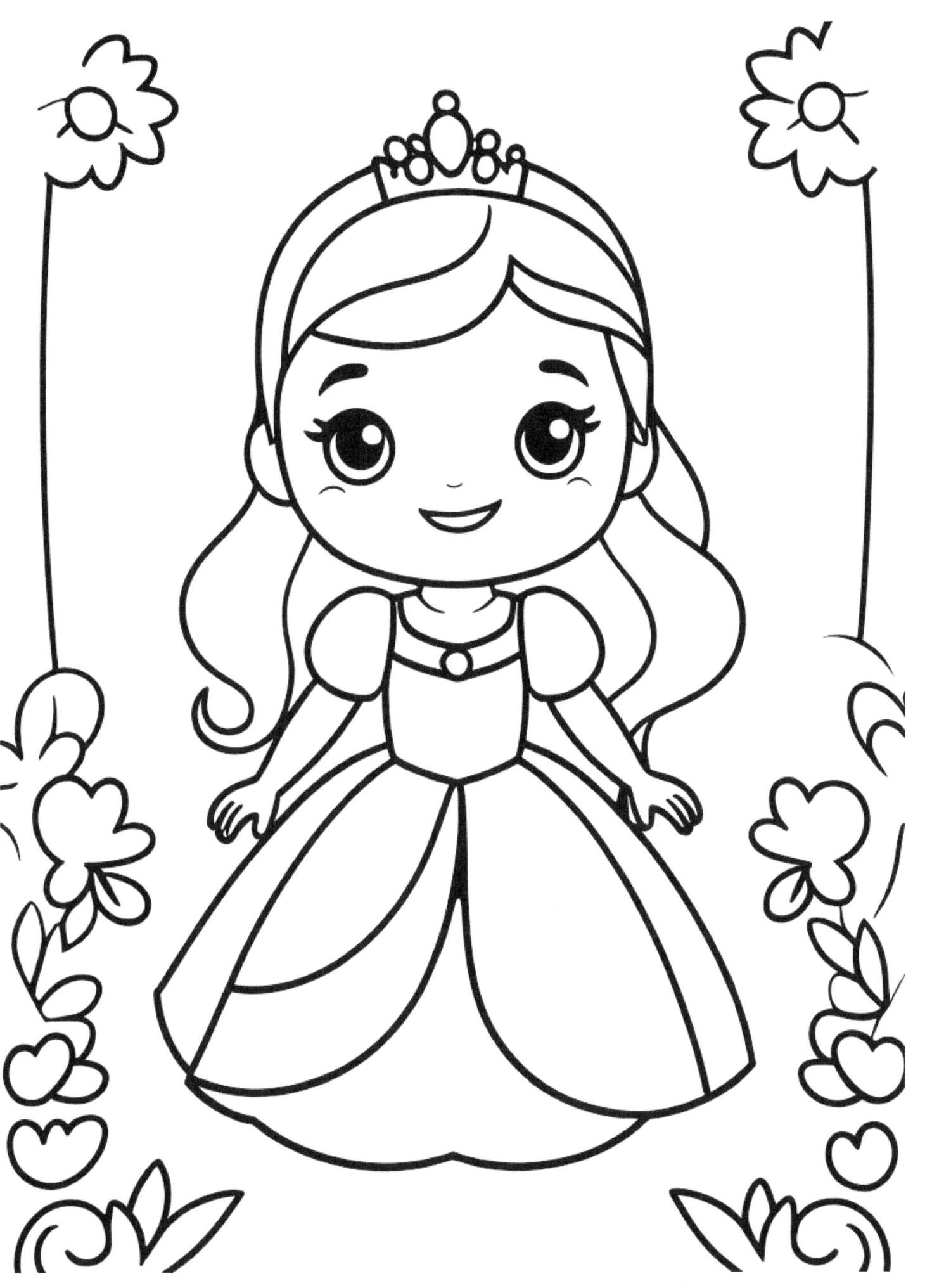

Princesa

_____

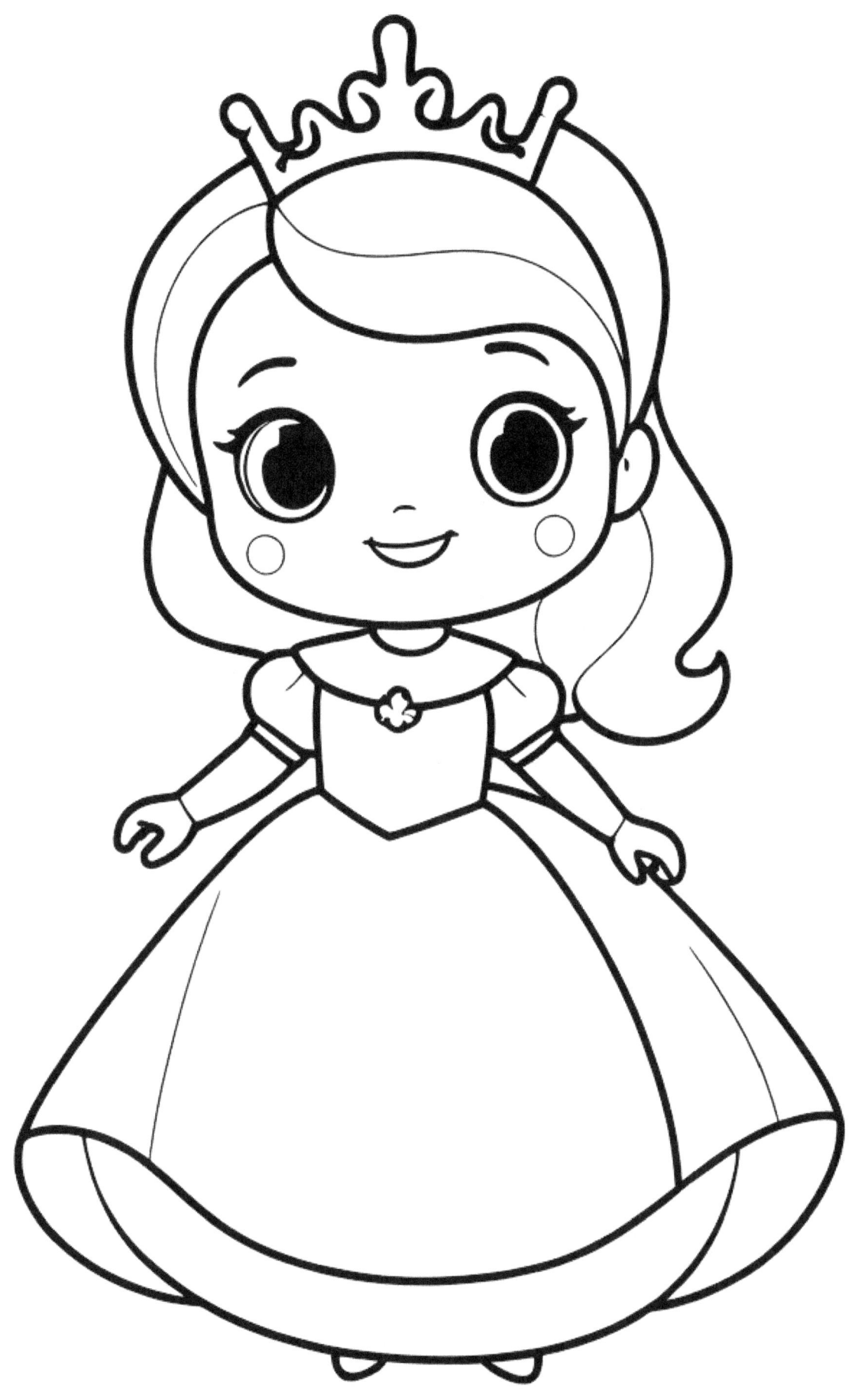

Princesa

_____

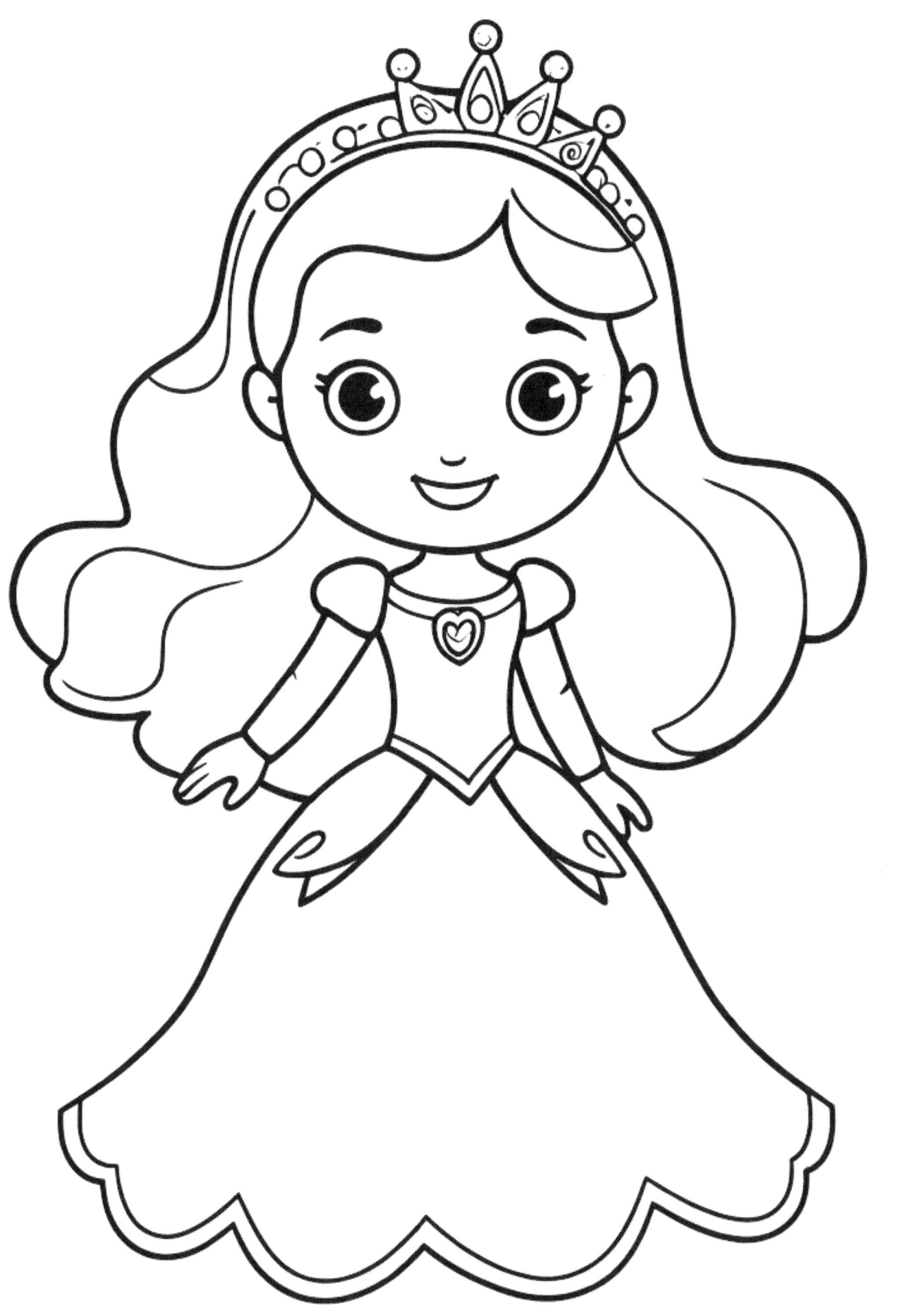

Princesa

_____

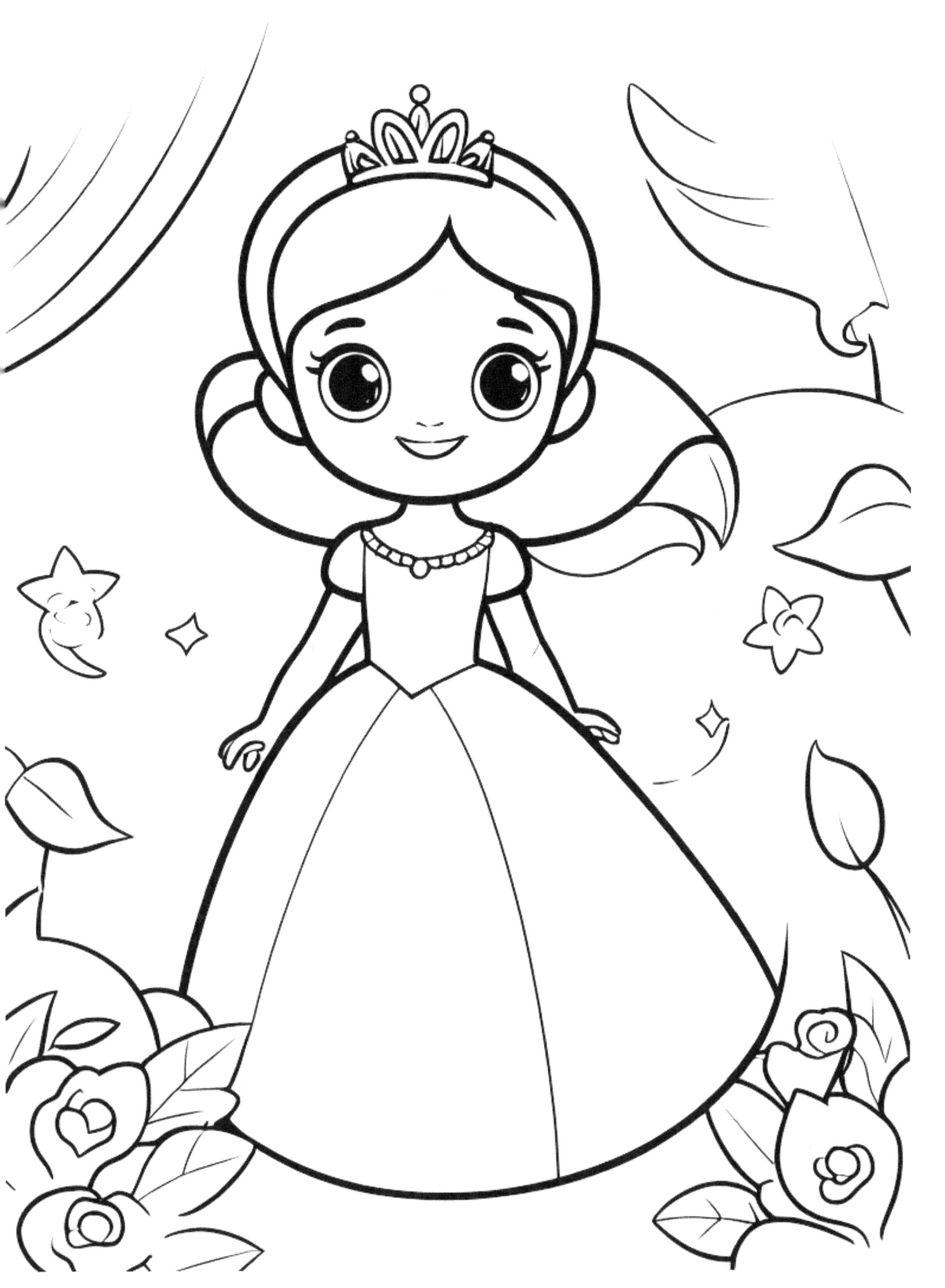

Princesa
___

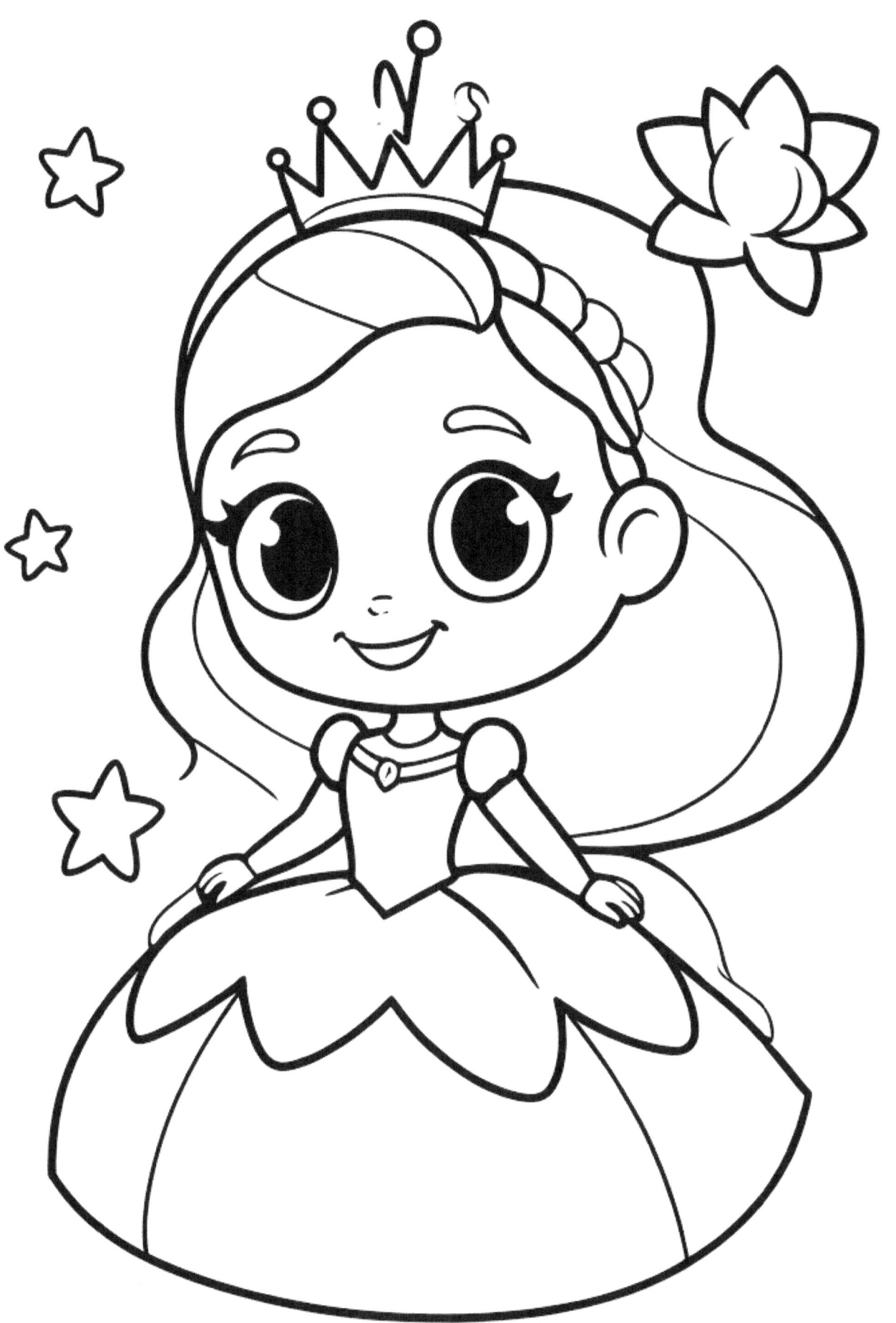

Princesa

_____

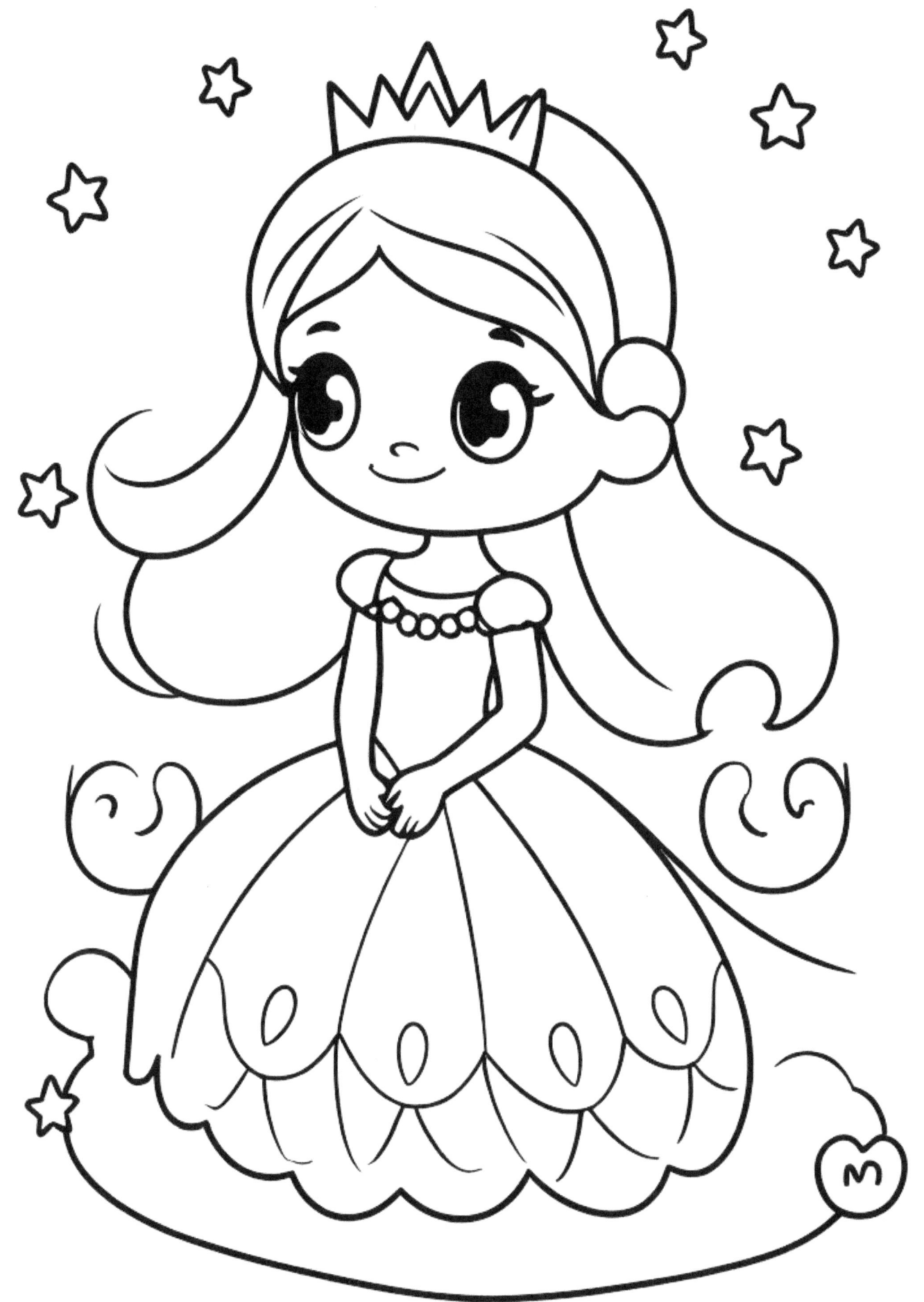

Princesa
_____

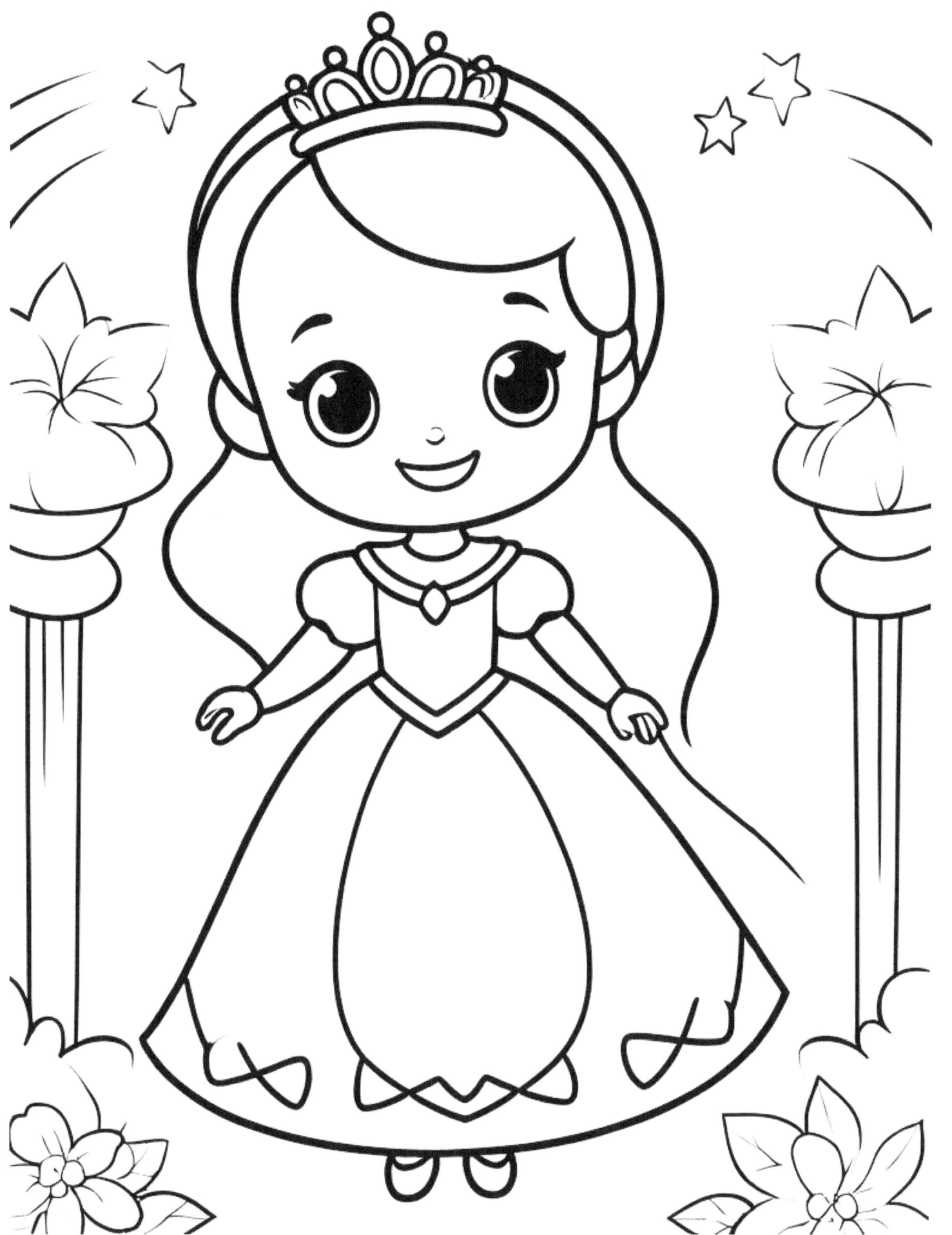

Princesa
_____

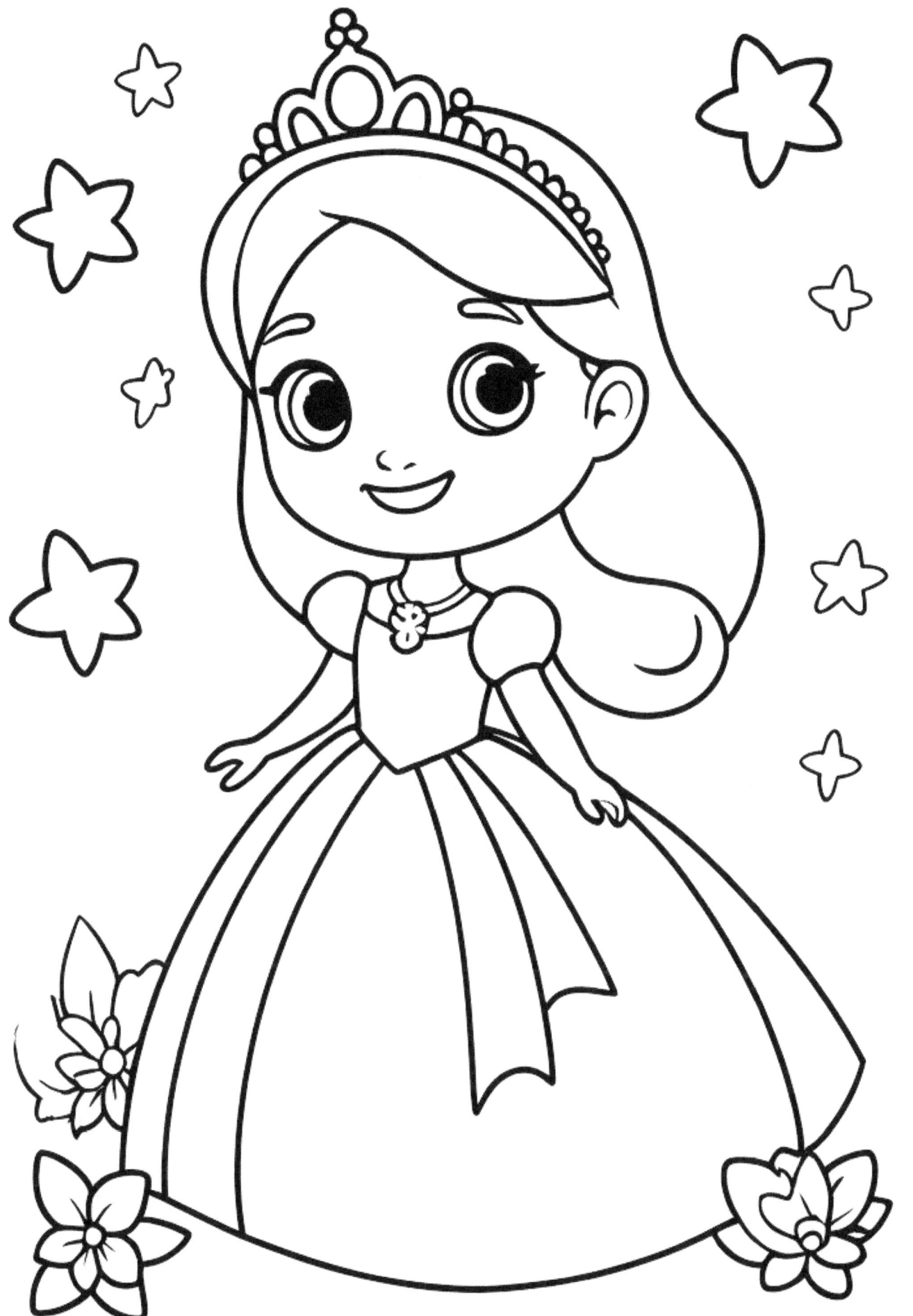

Princesa

_____

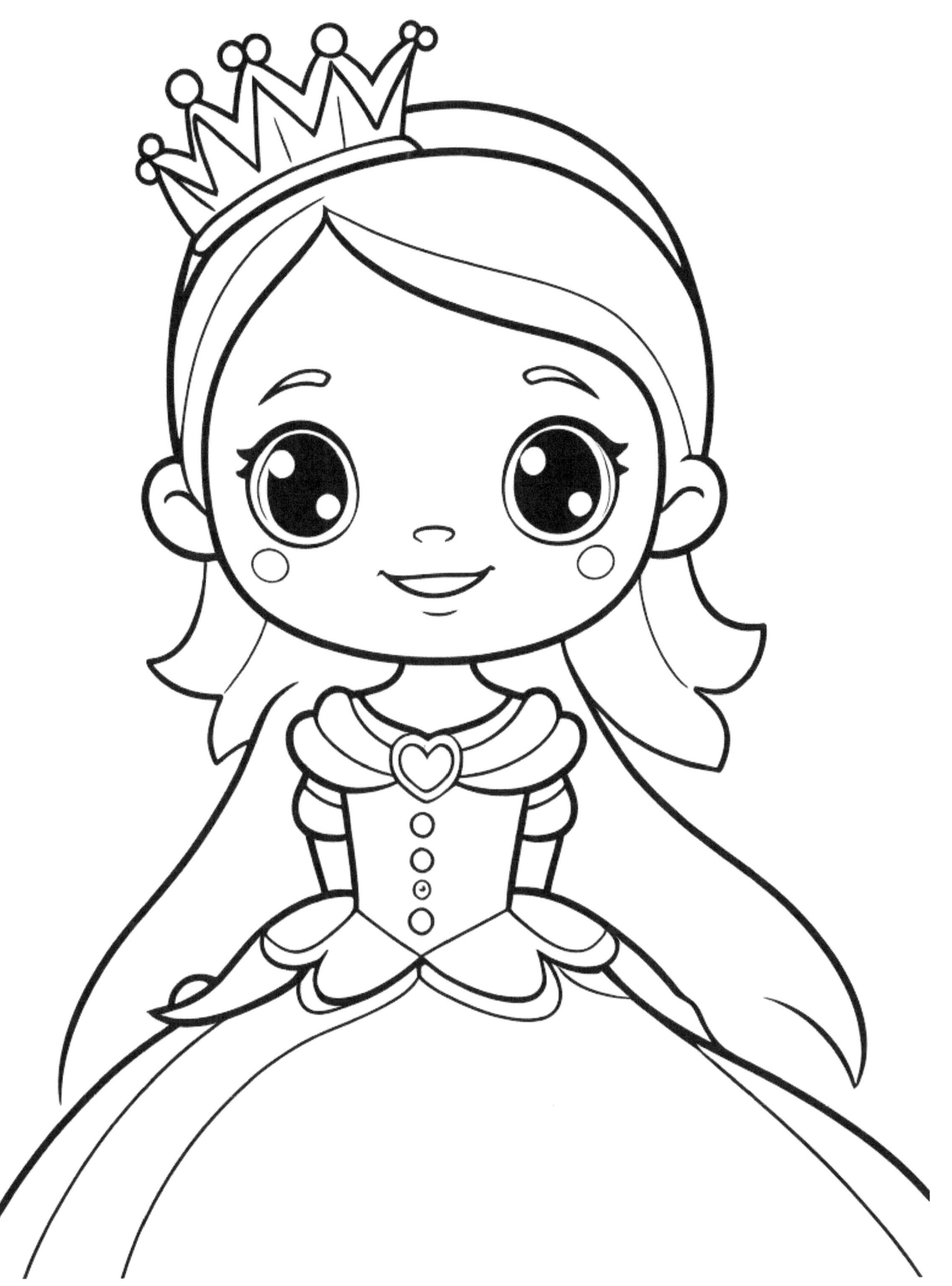

Princesa

_____

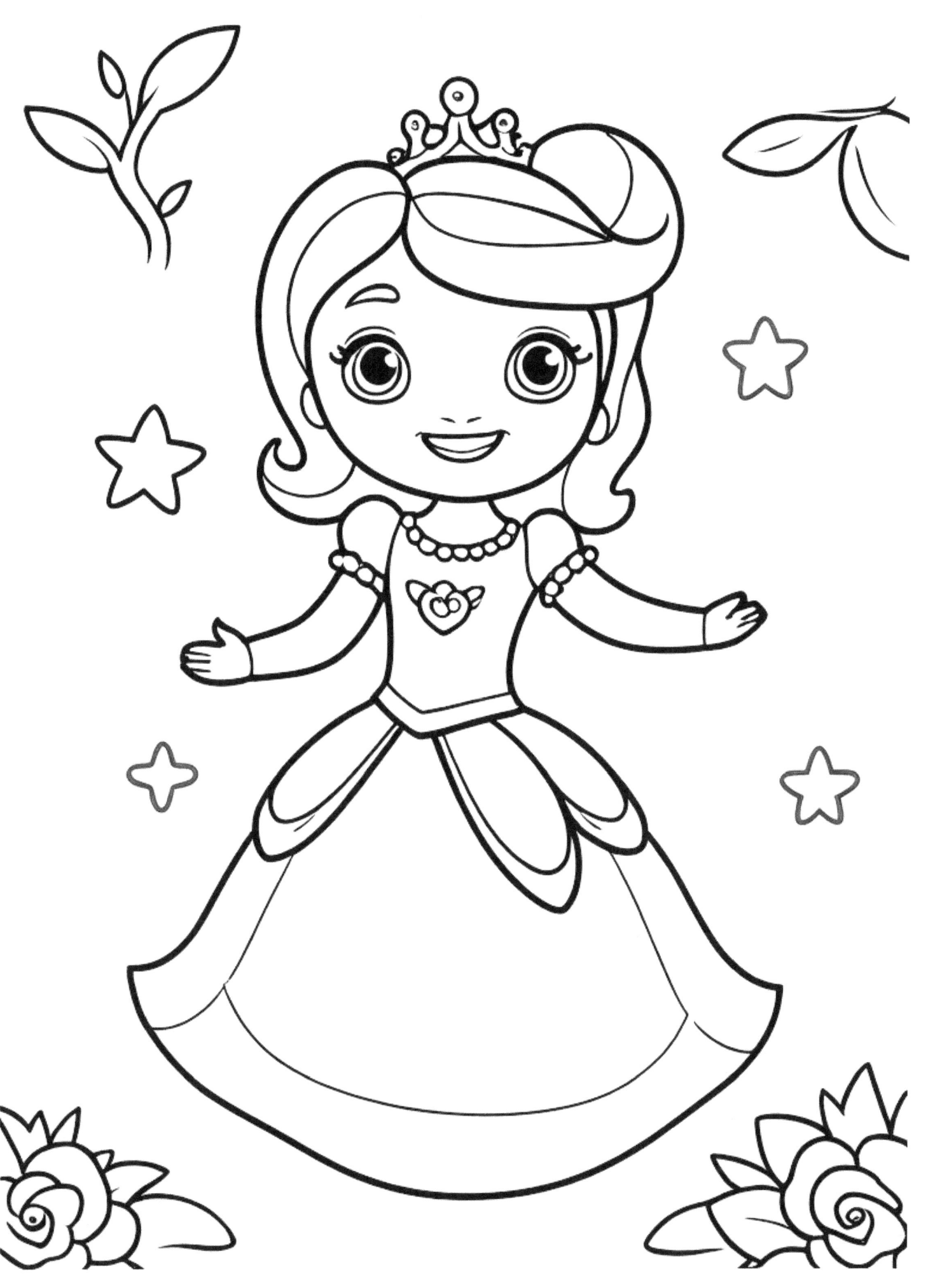

Princesa

_____

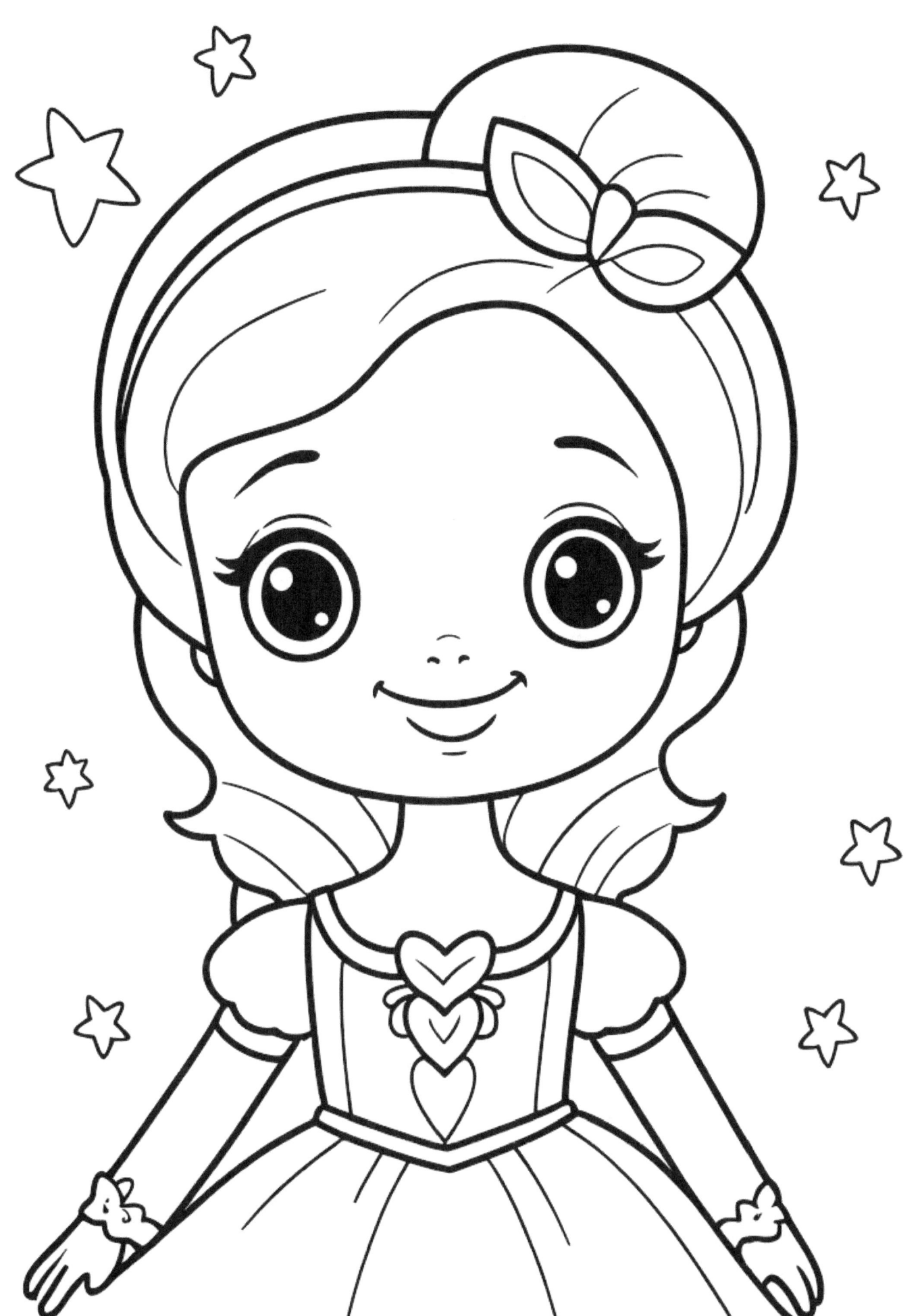

Princesa
_____

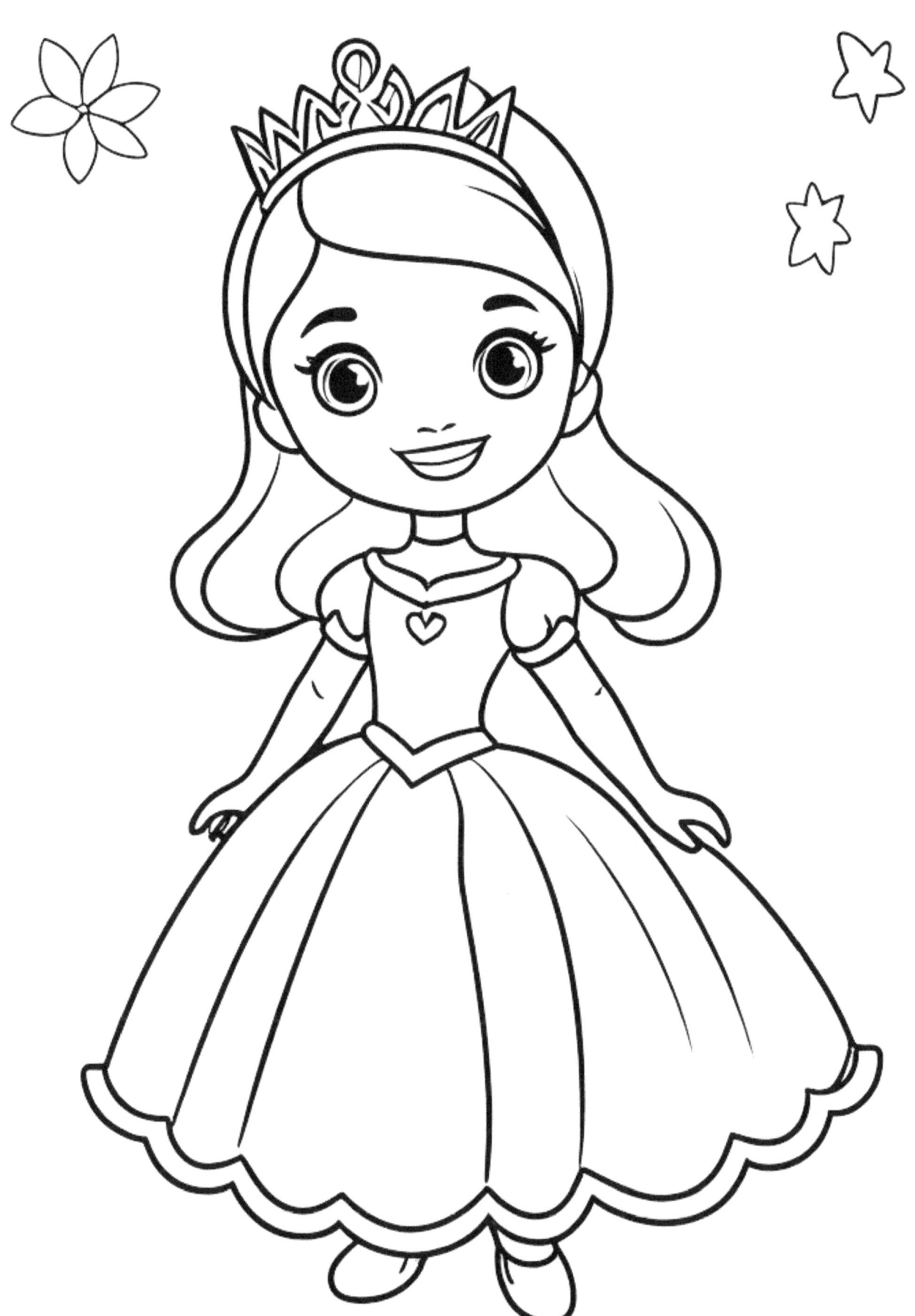

Princesa

_____

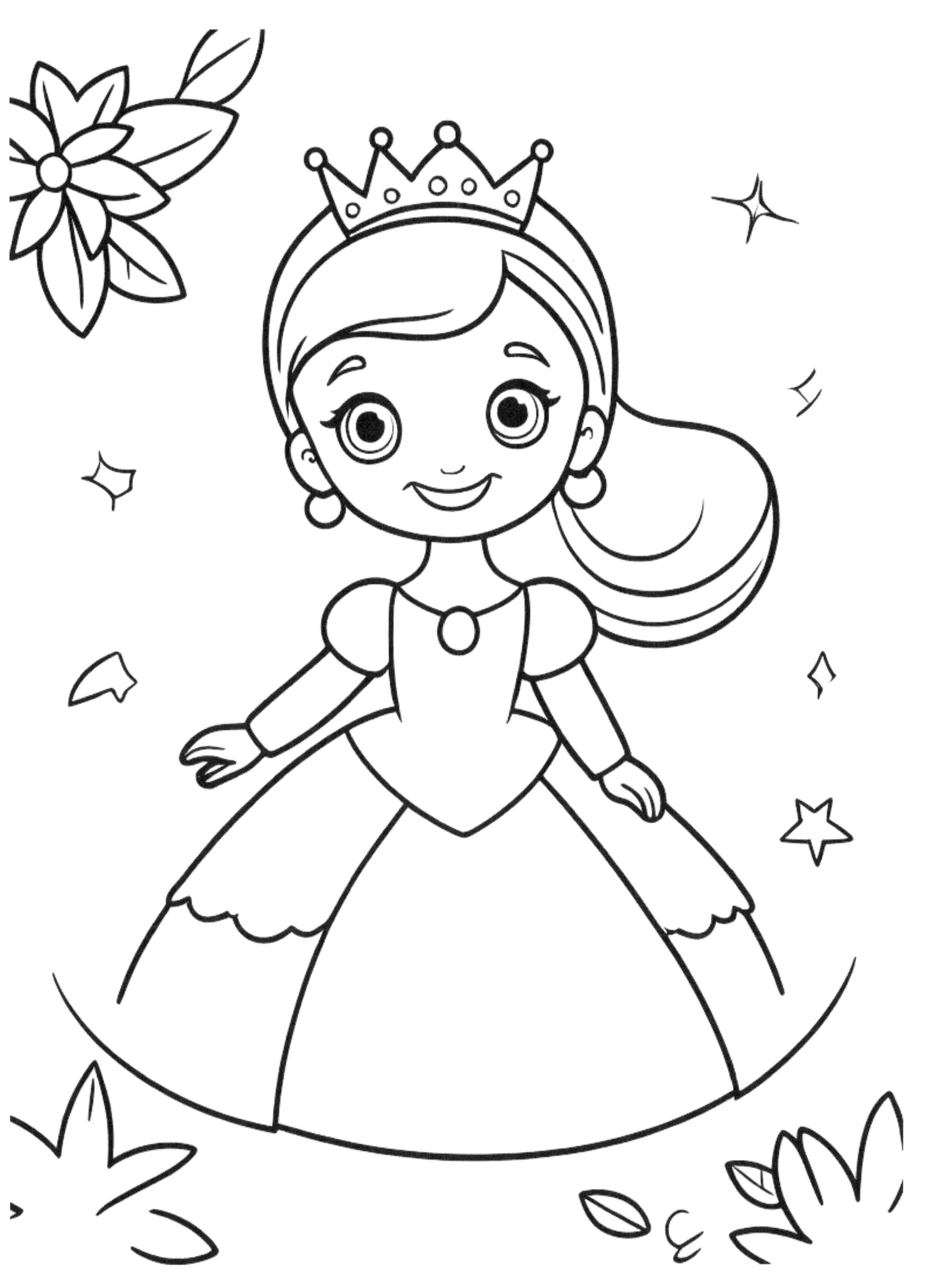

Princesa
___

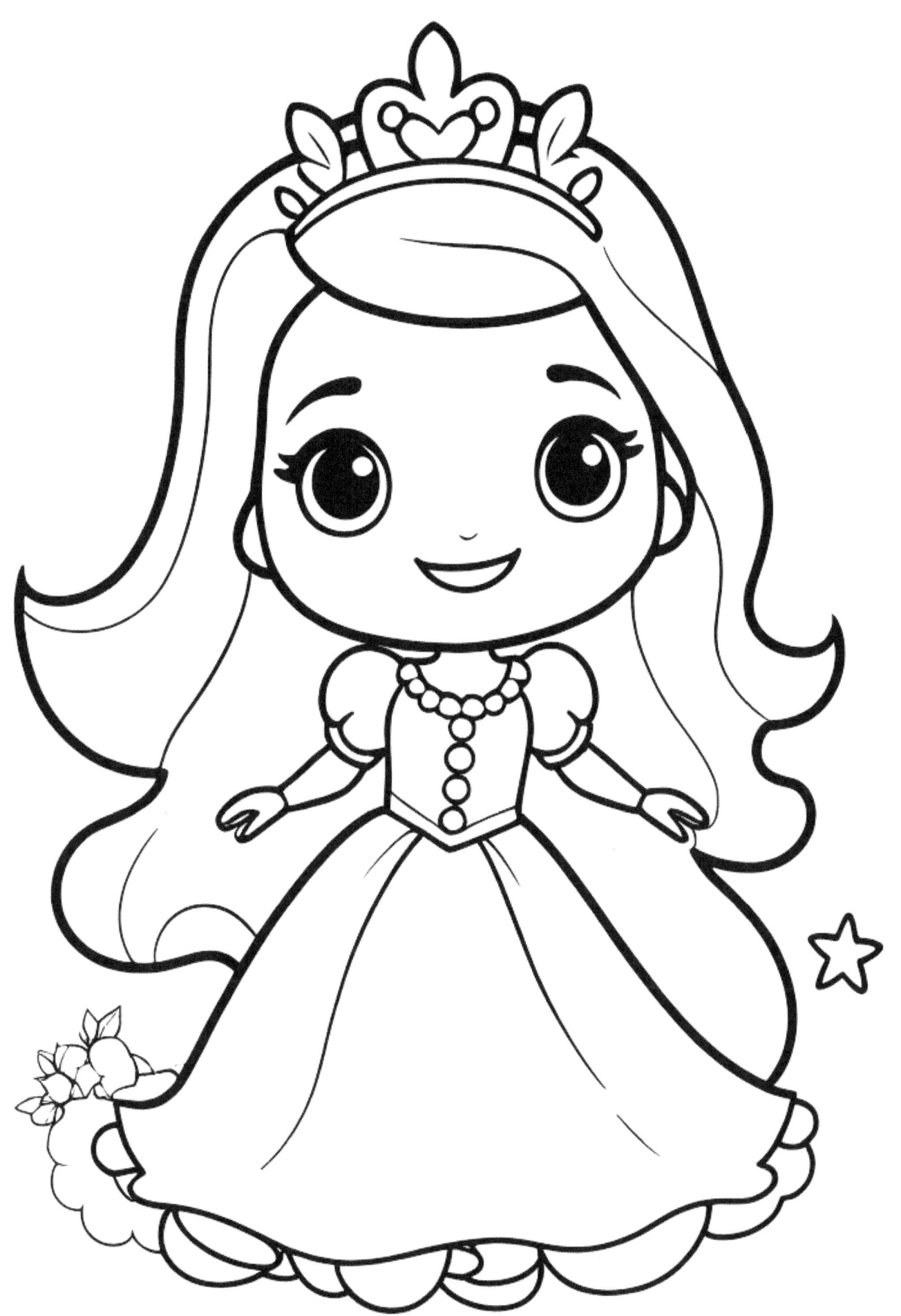

Princesa

_____

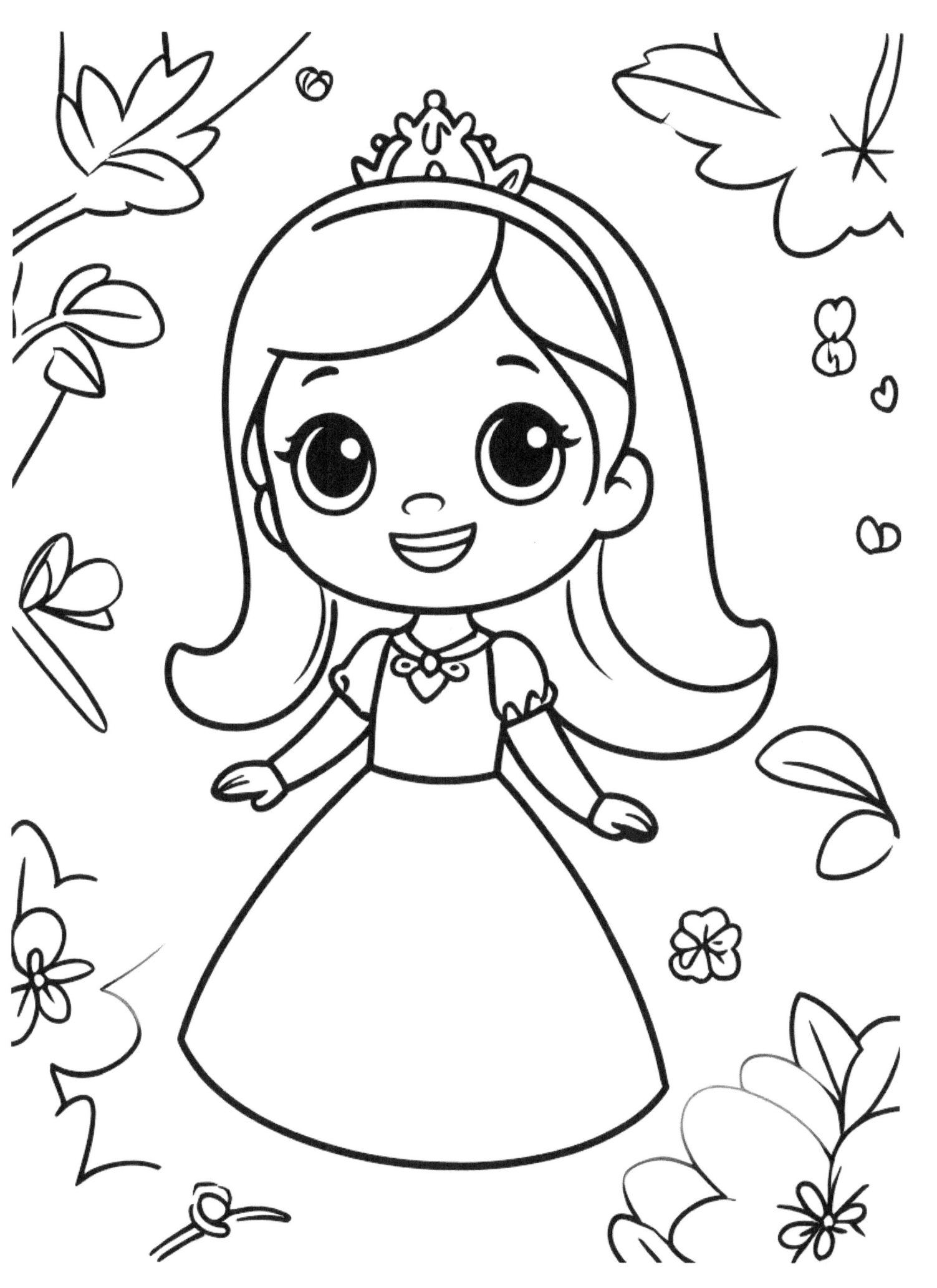

Princesa

_____

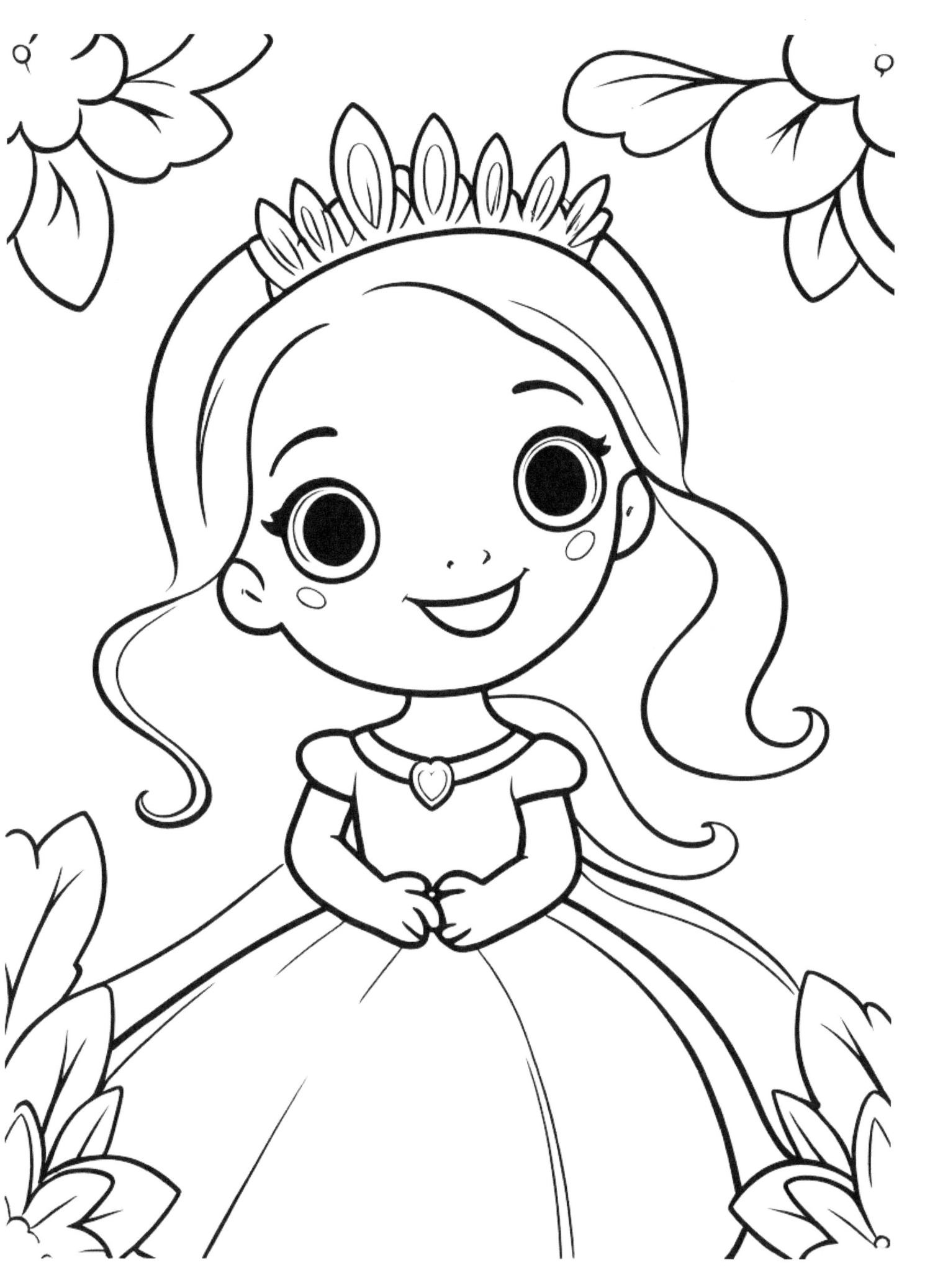

Princesa

_____

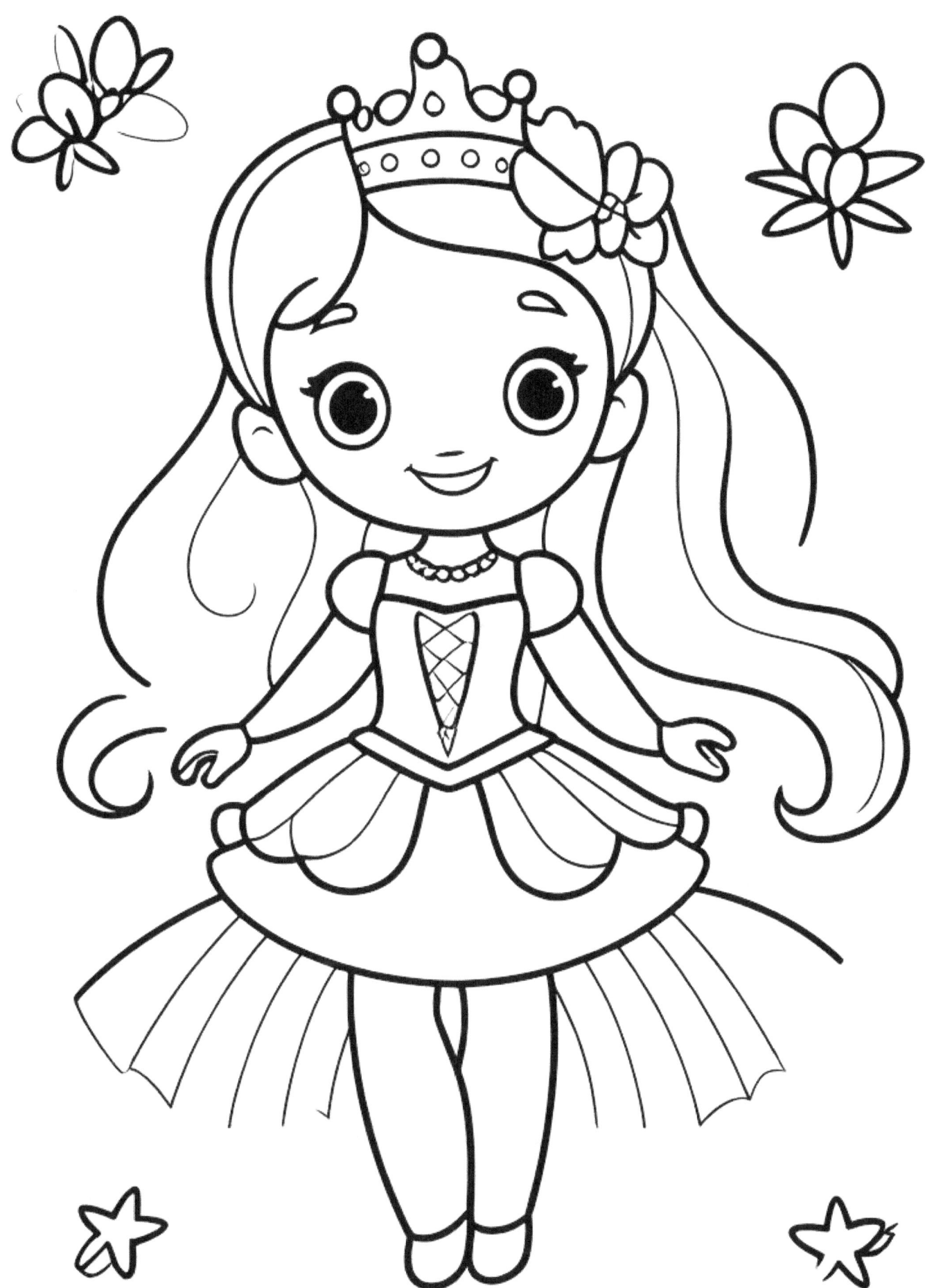

Princesa

_____

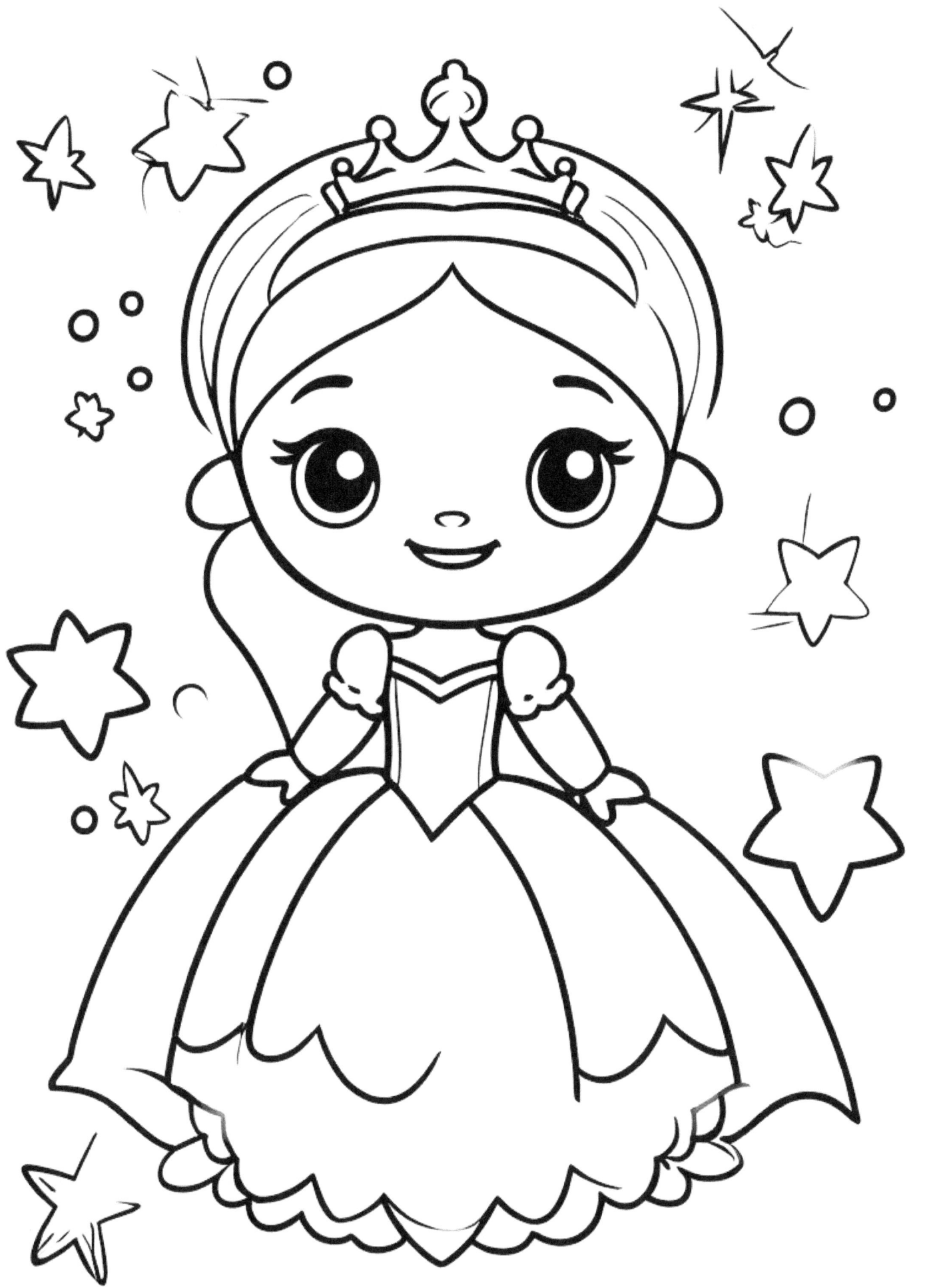

Princesa

_____

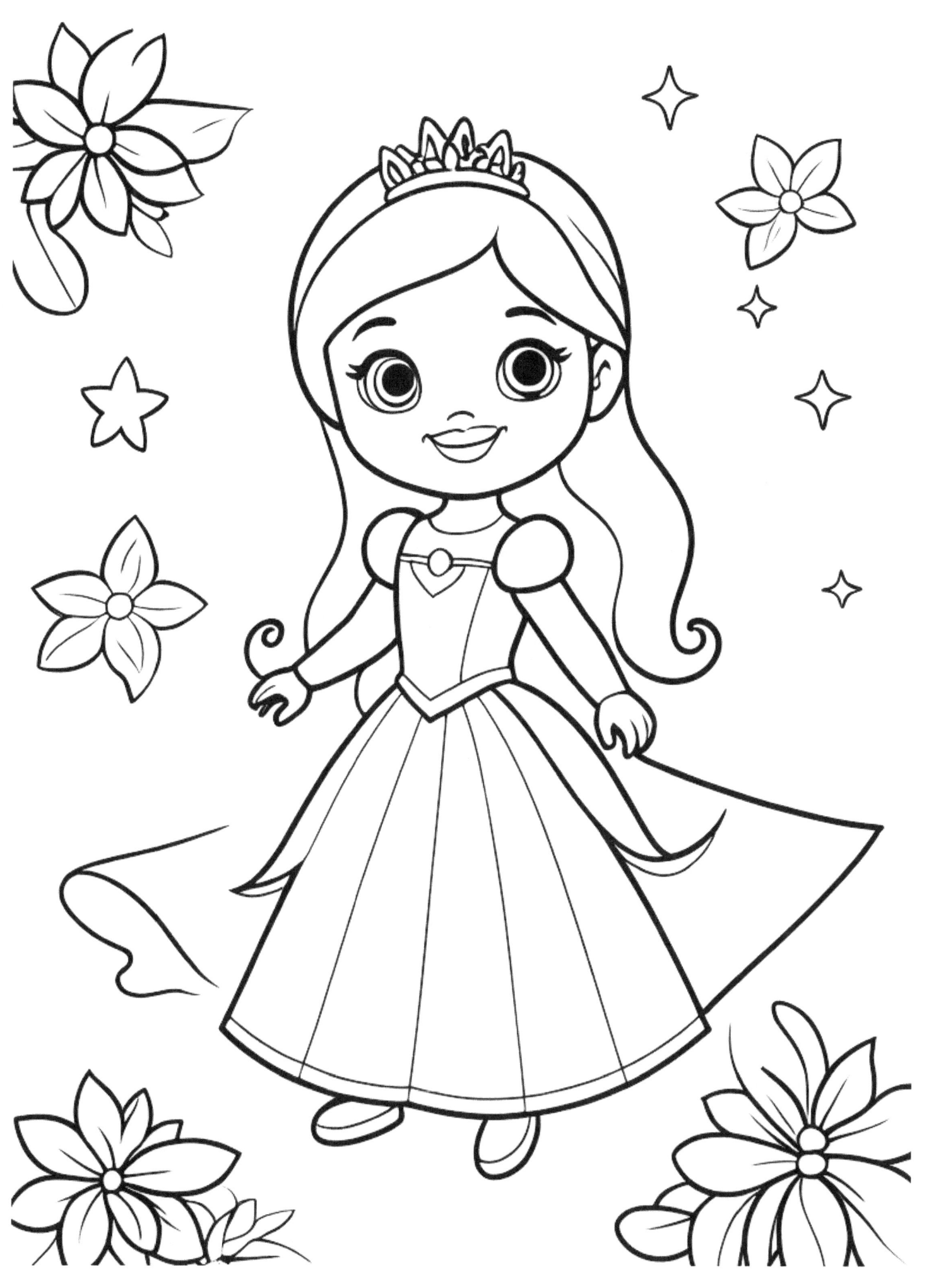

Princesa

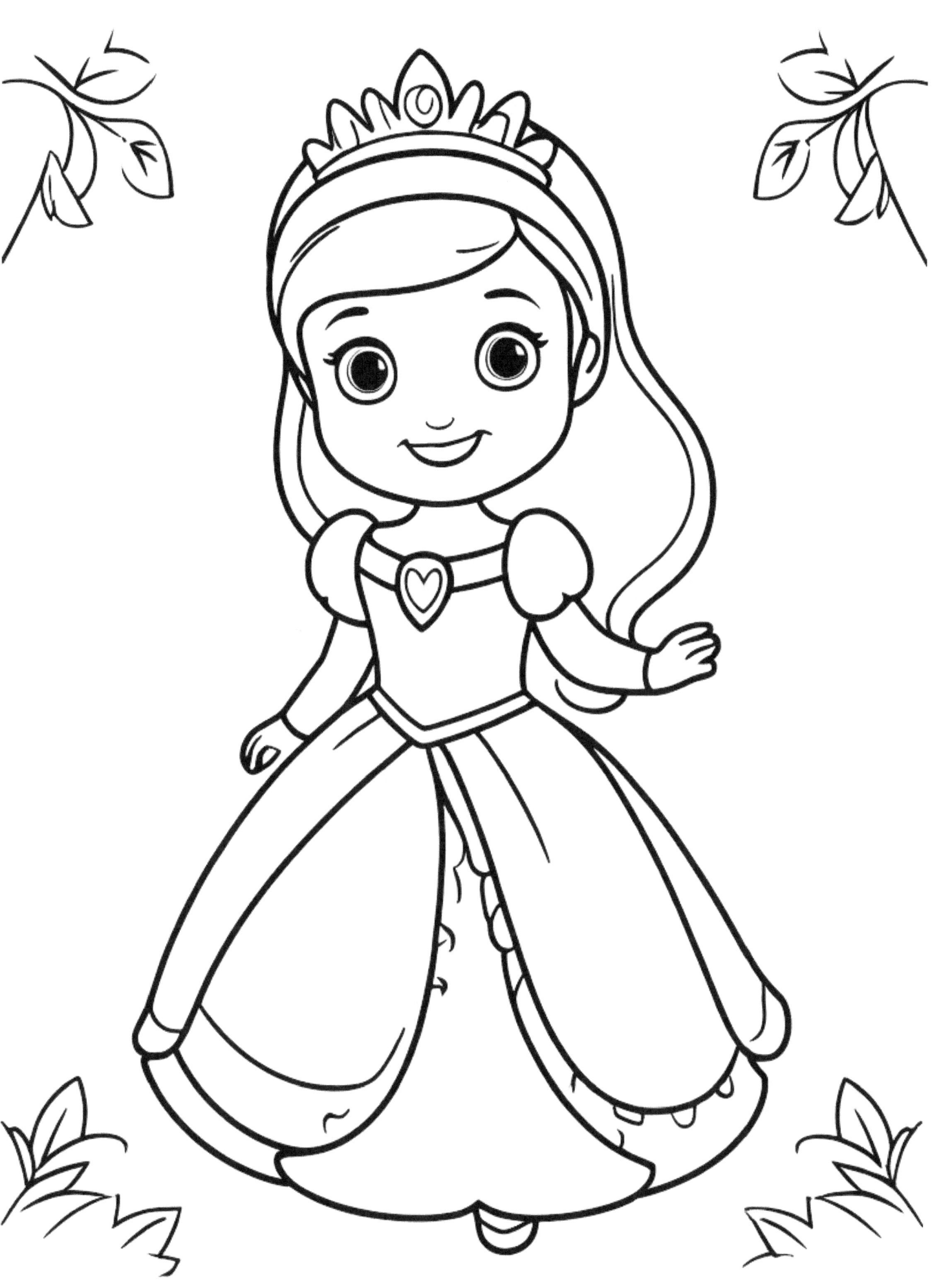

Princesa

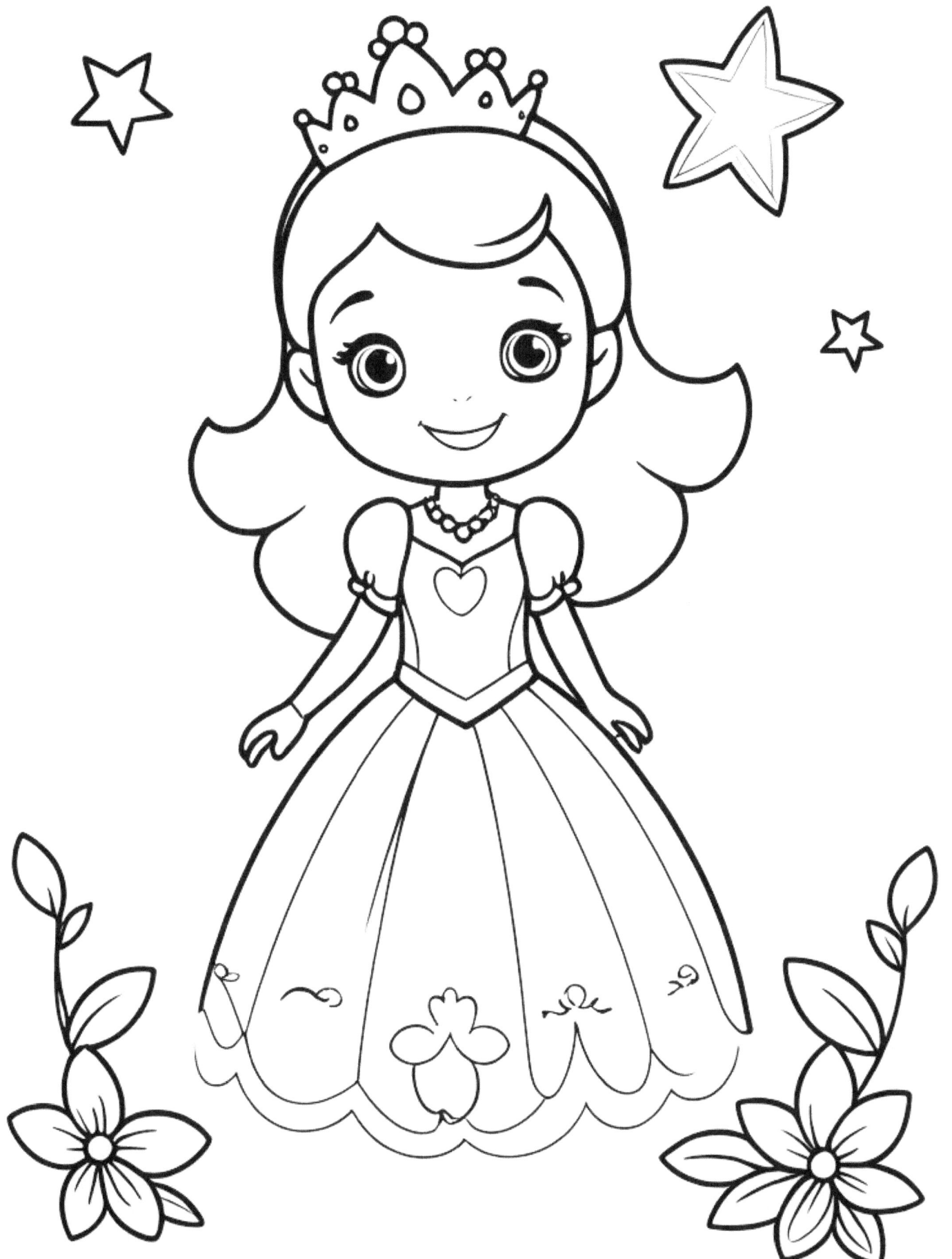

Princesa
_____

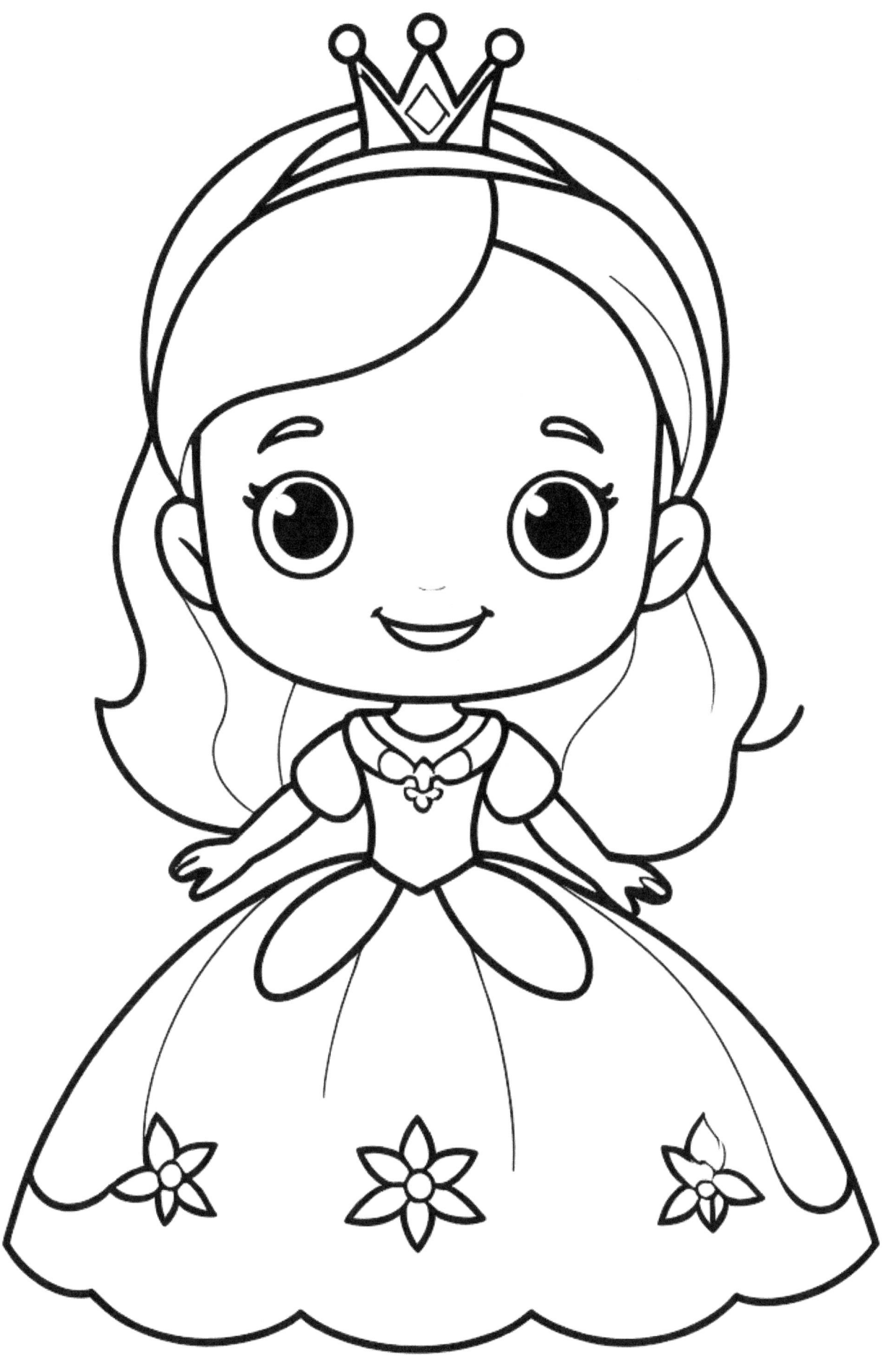

Princesa

_____

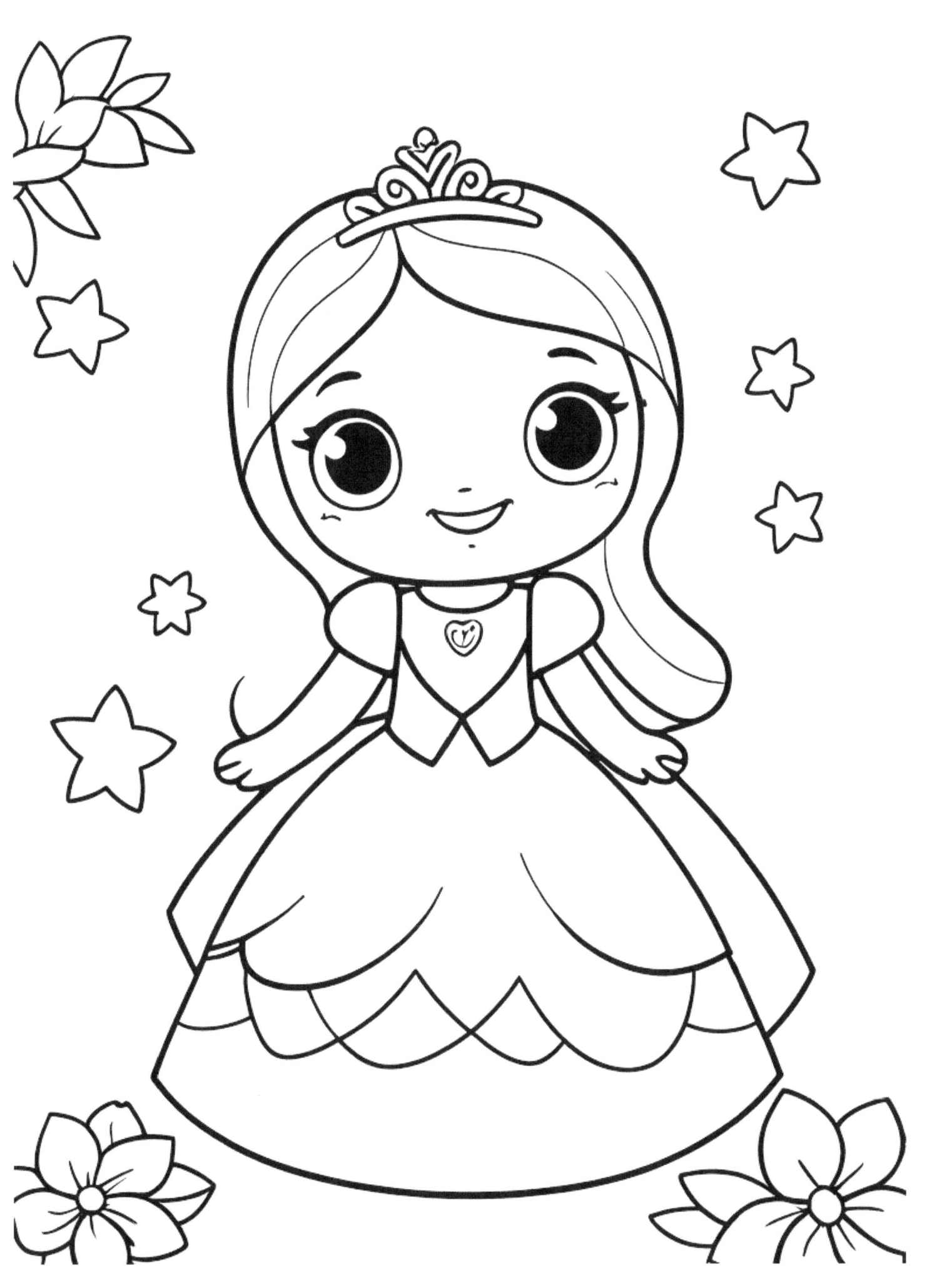

Princesa

_____

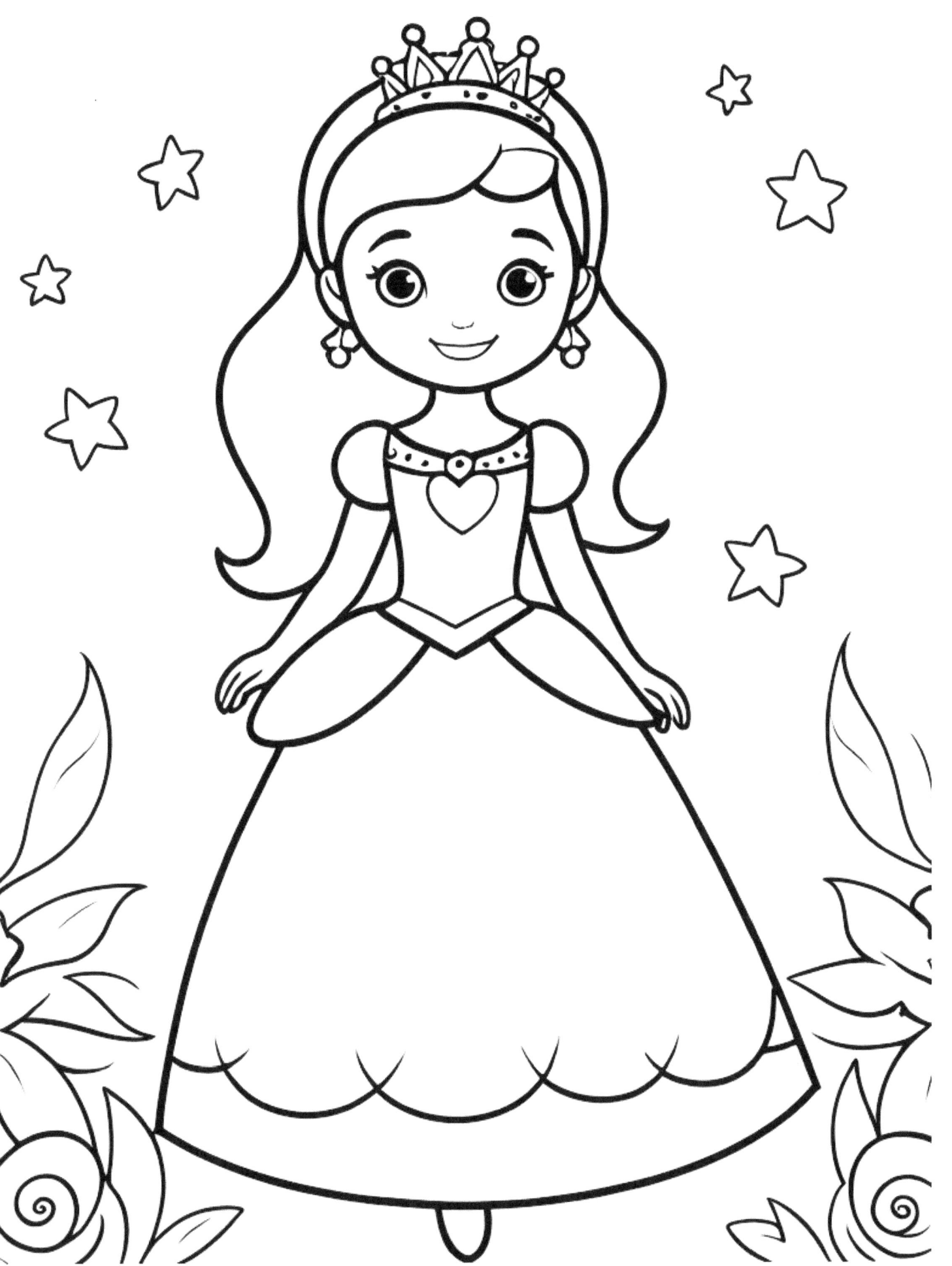

Princesa

_____

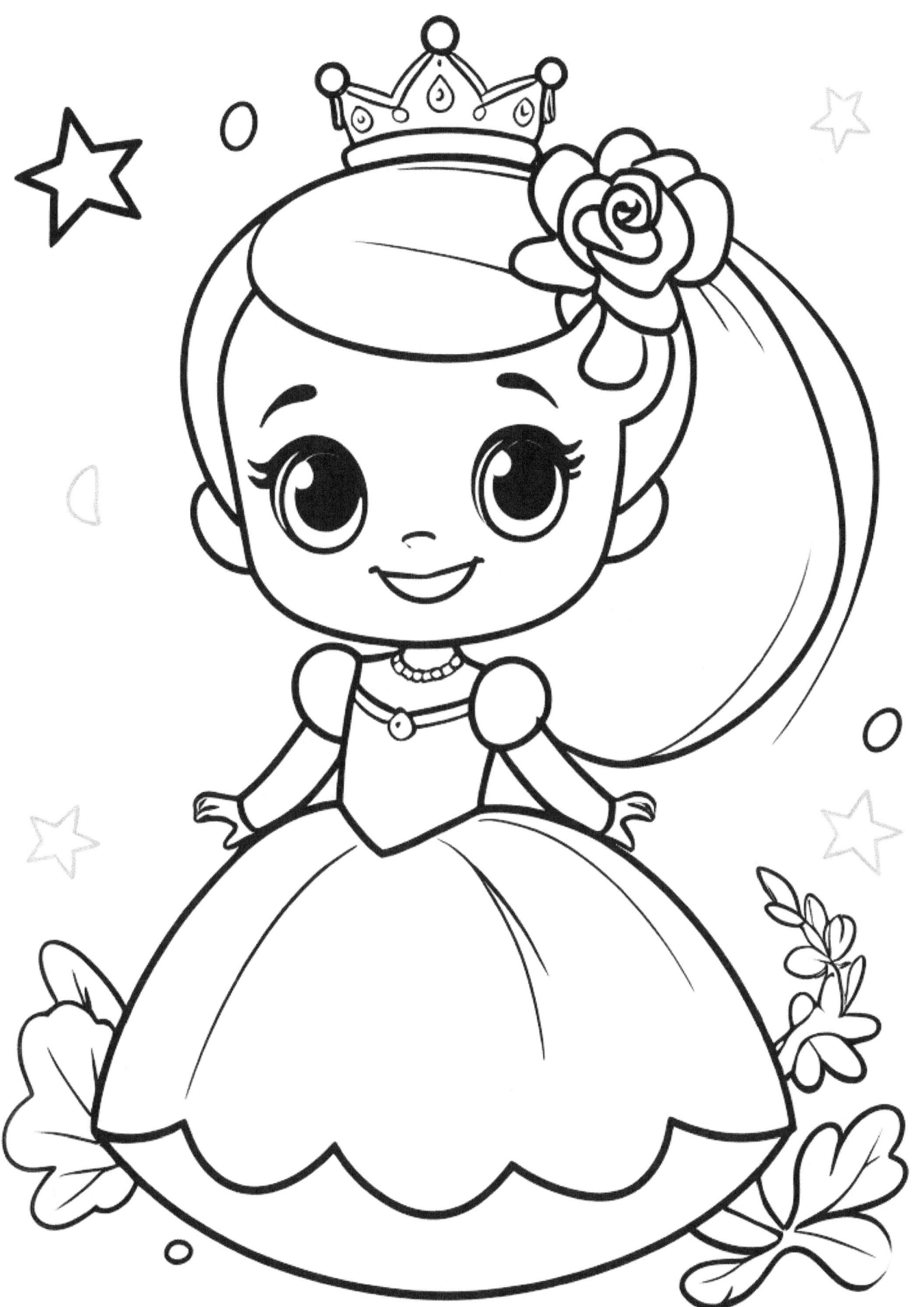

Princesa

———————————

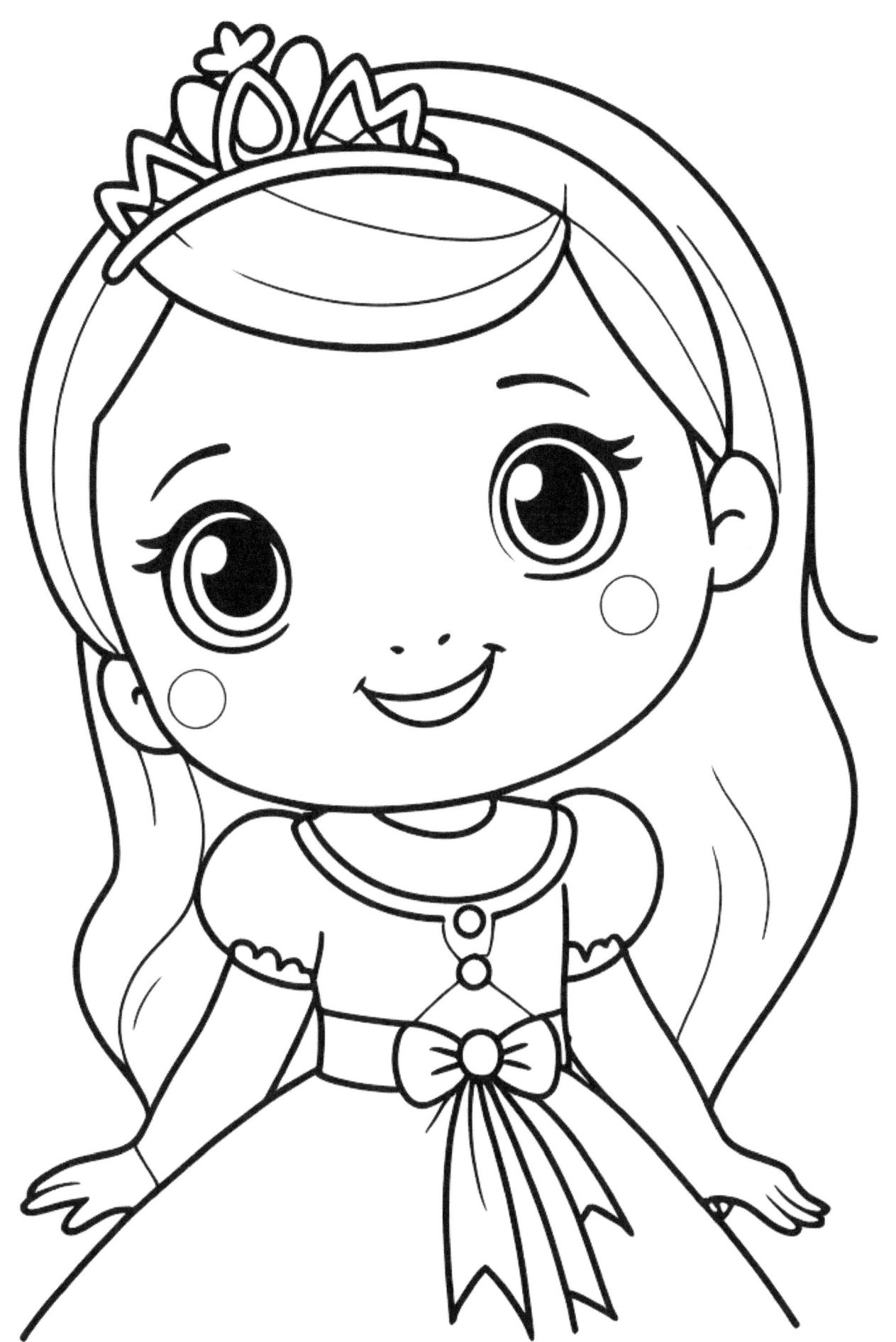

Princesa

_____

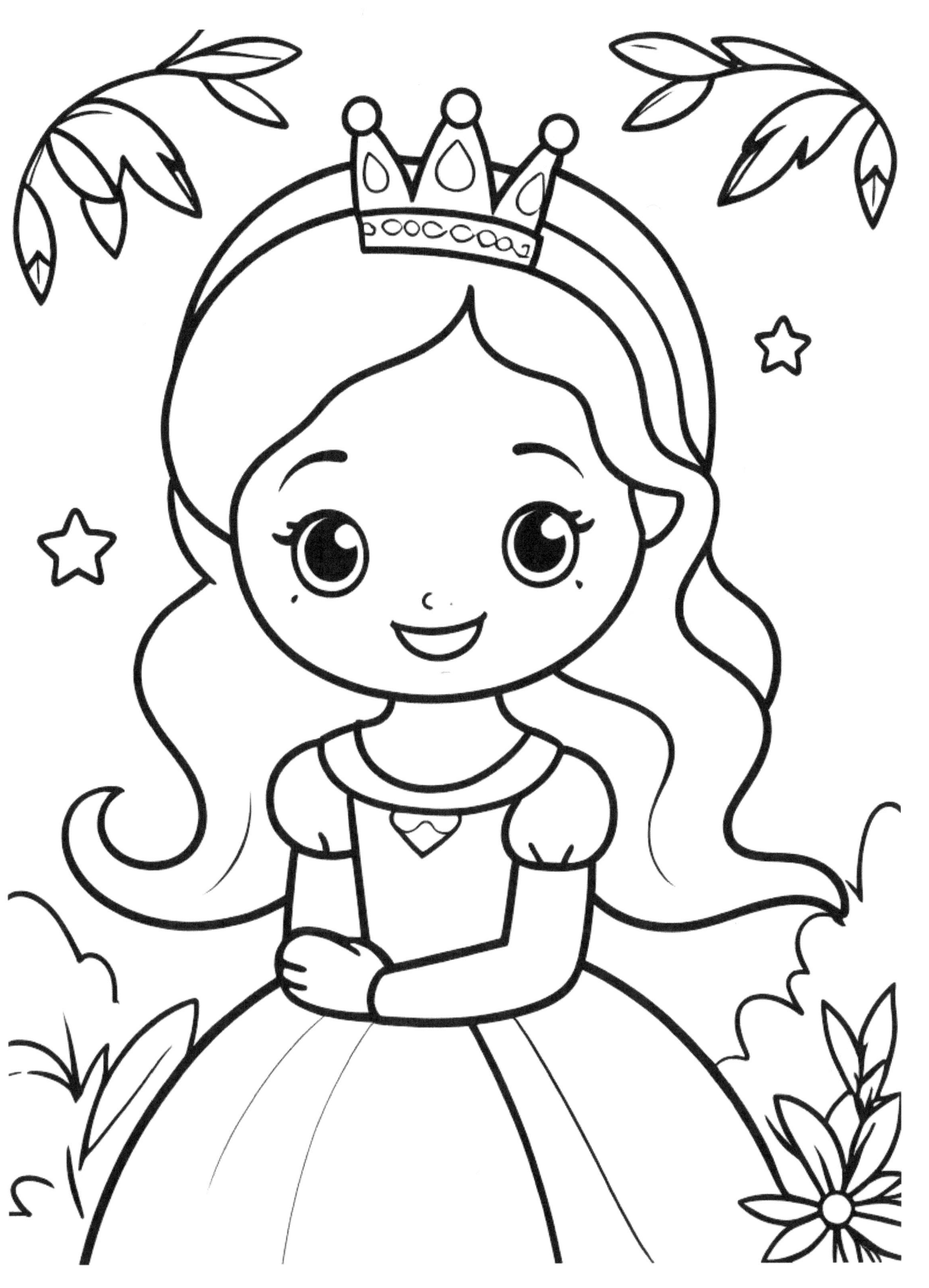

Princesa
_____

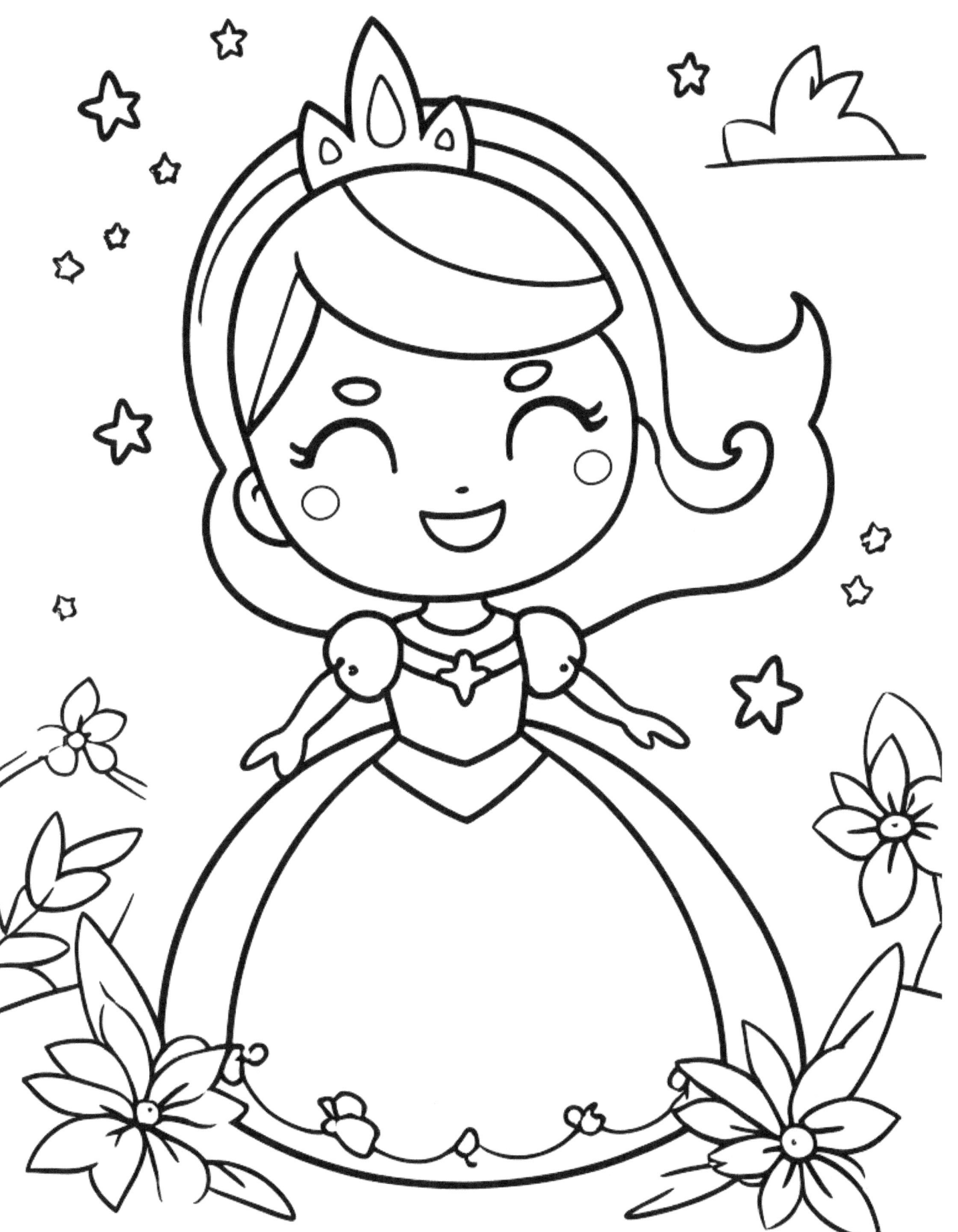

Princesa

_____

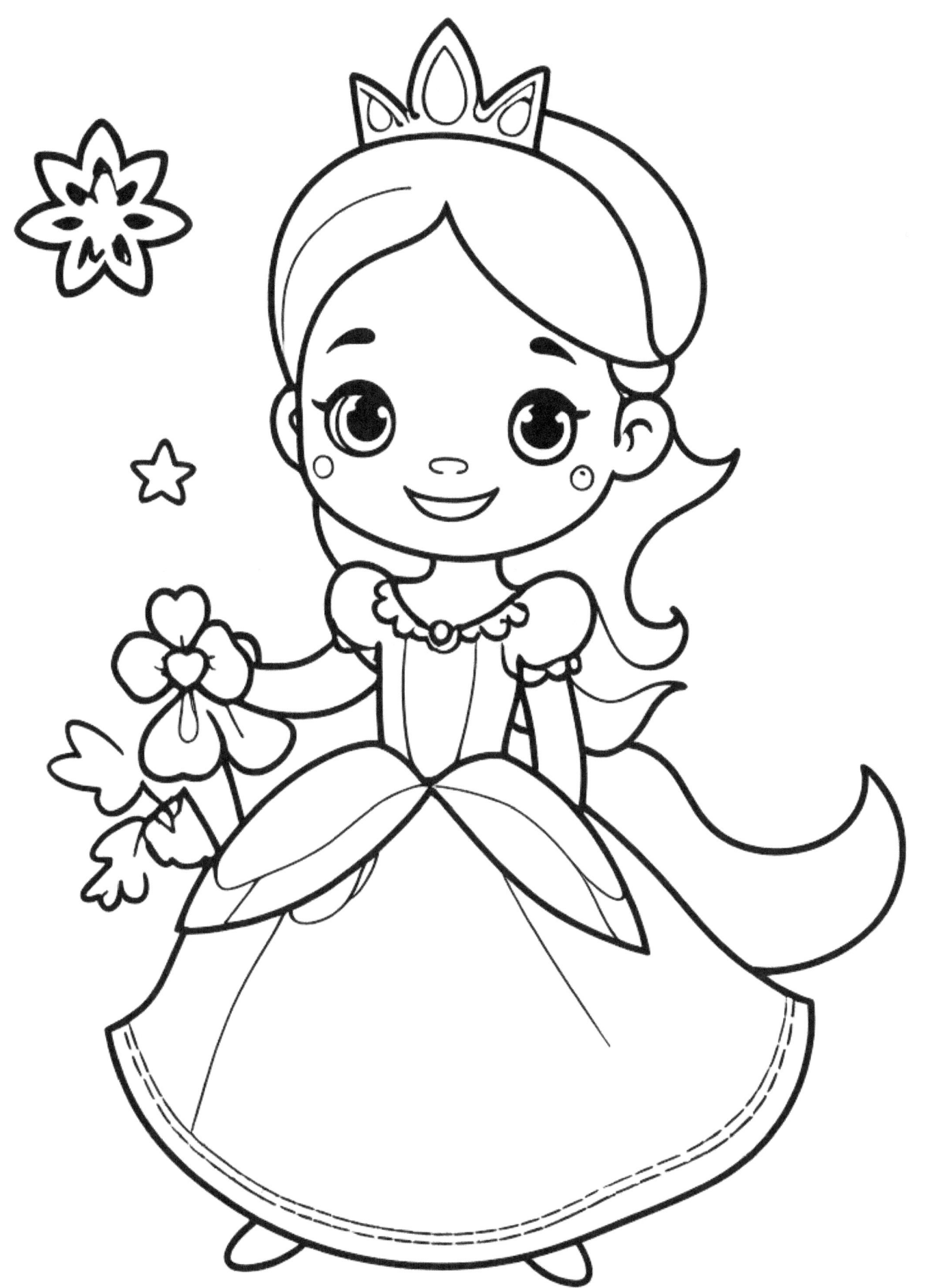

Princesa

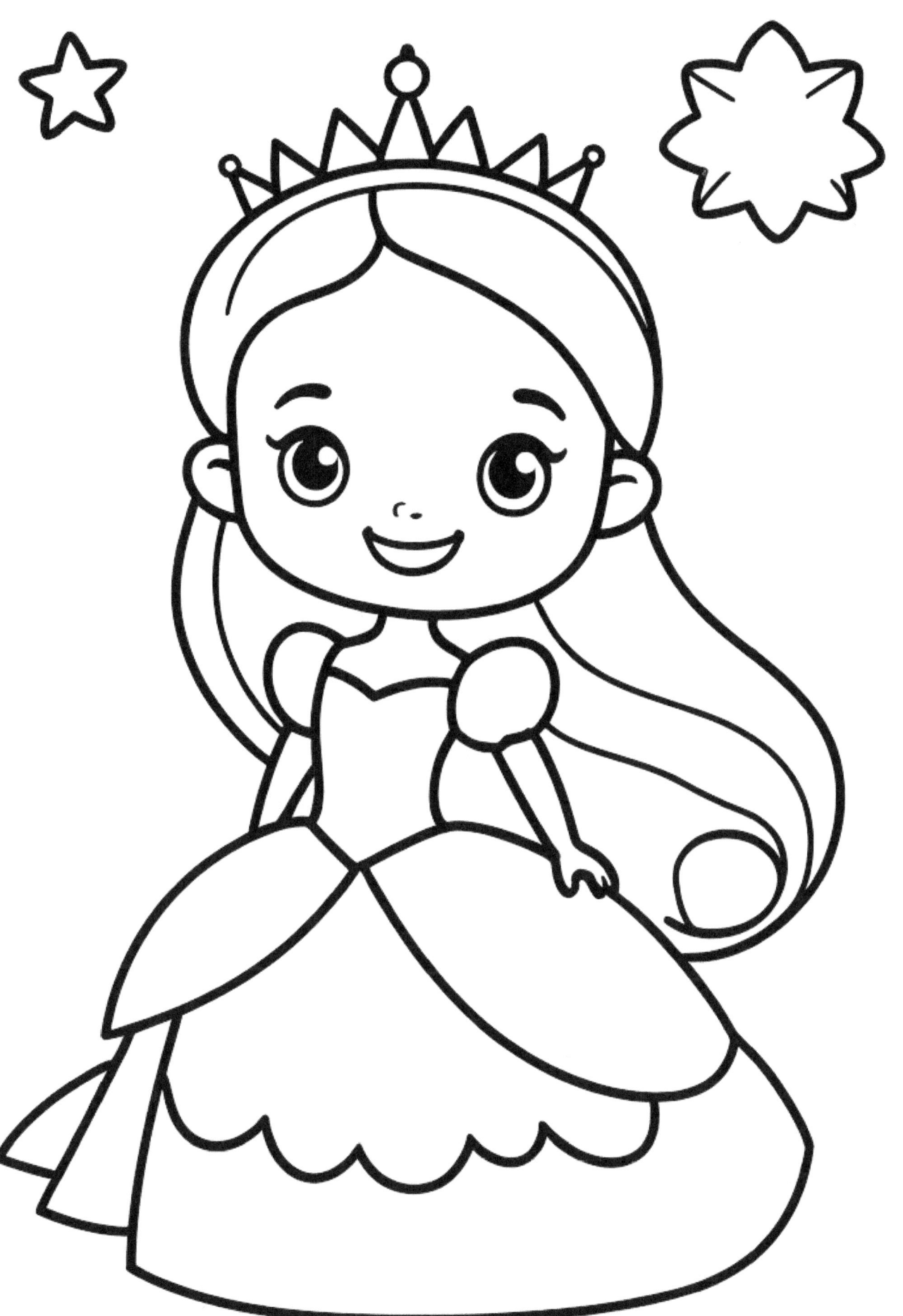

Princesa

_____

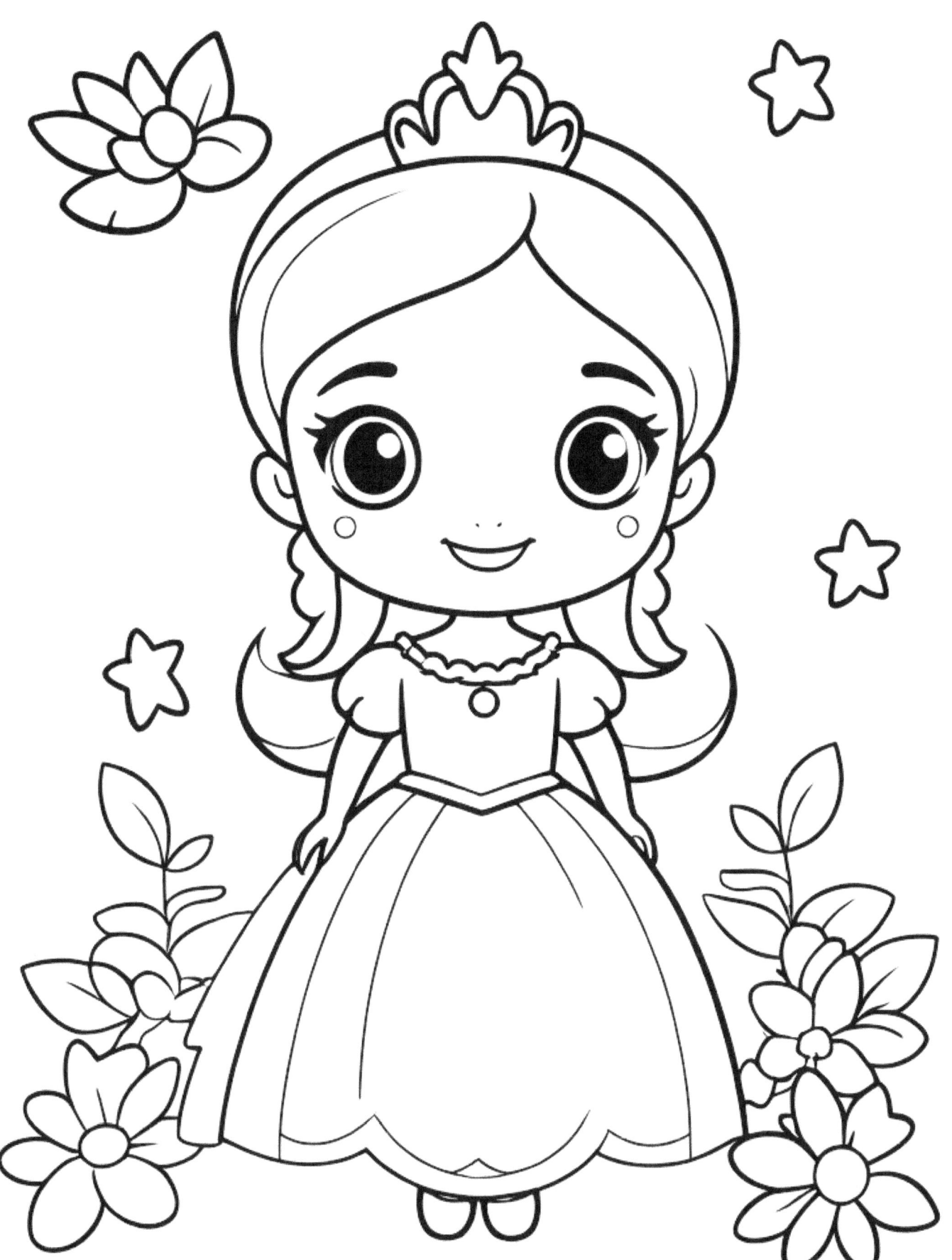

Princesa
_____

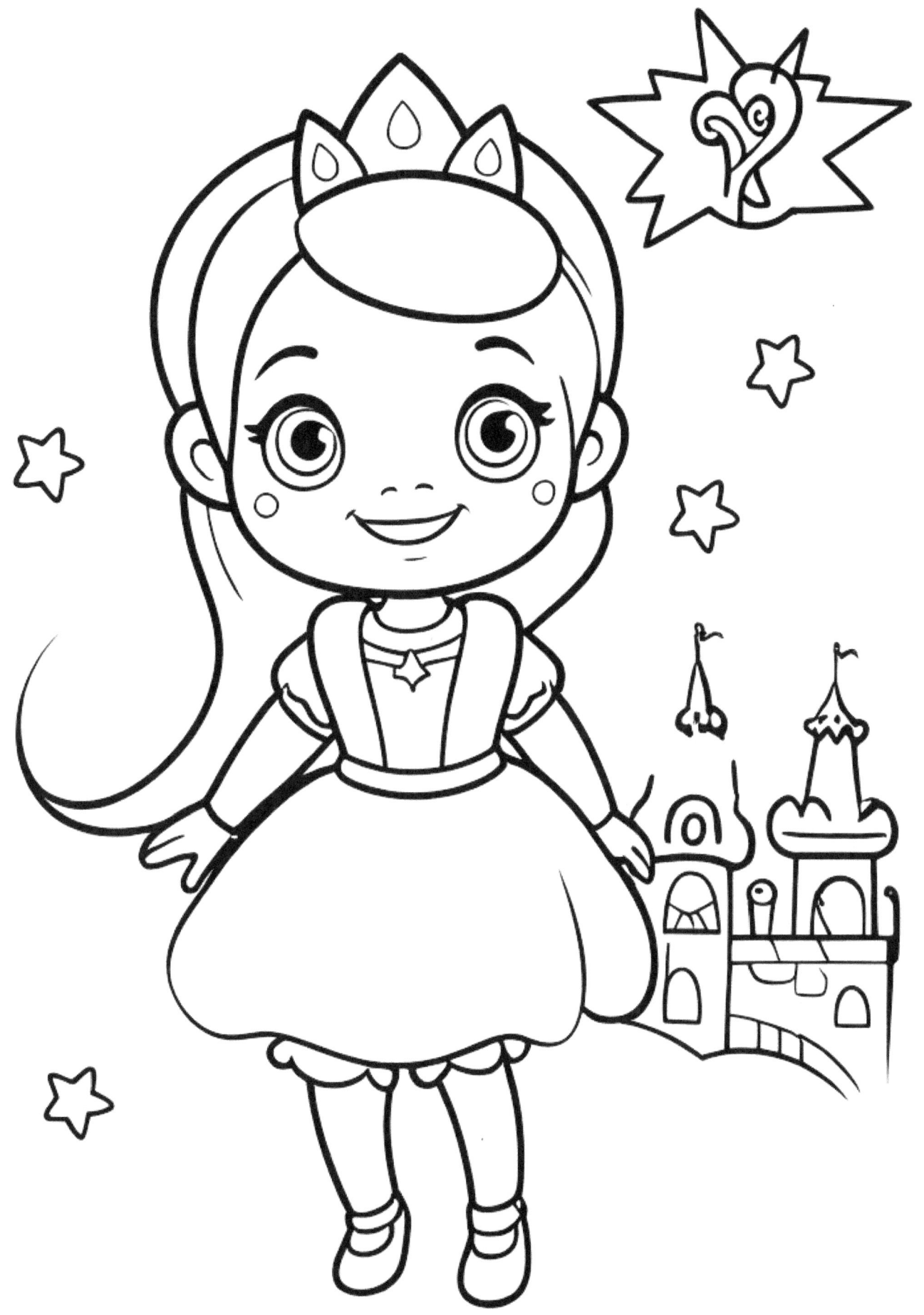

Princesa

_____

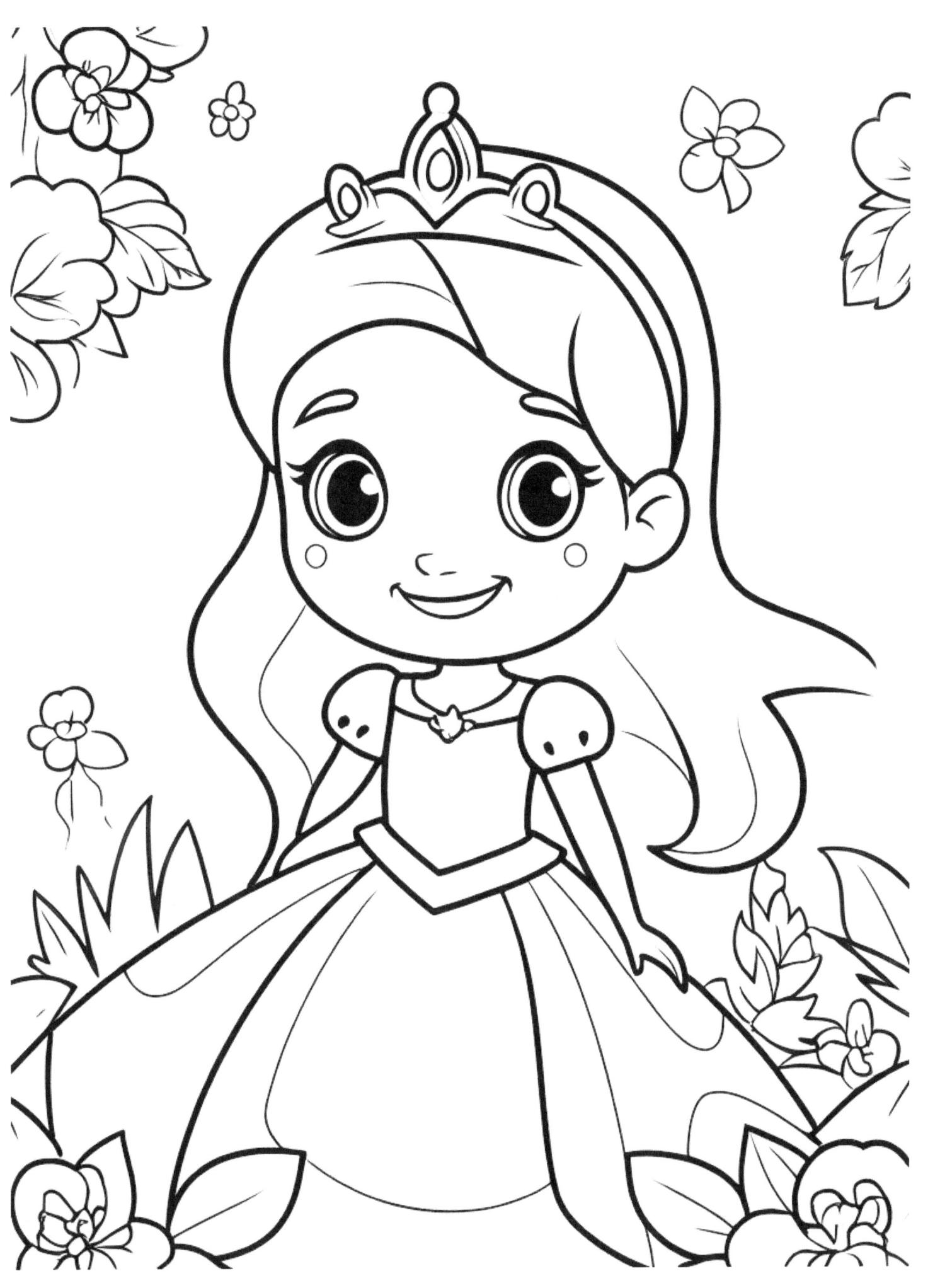

Princesa

_____

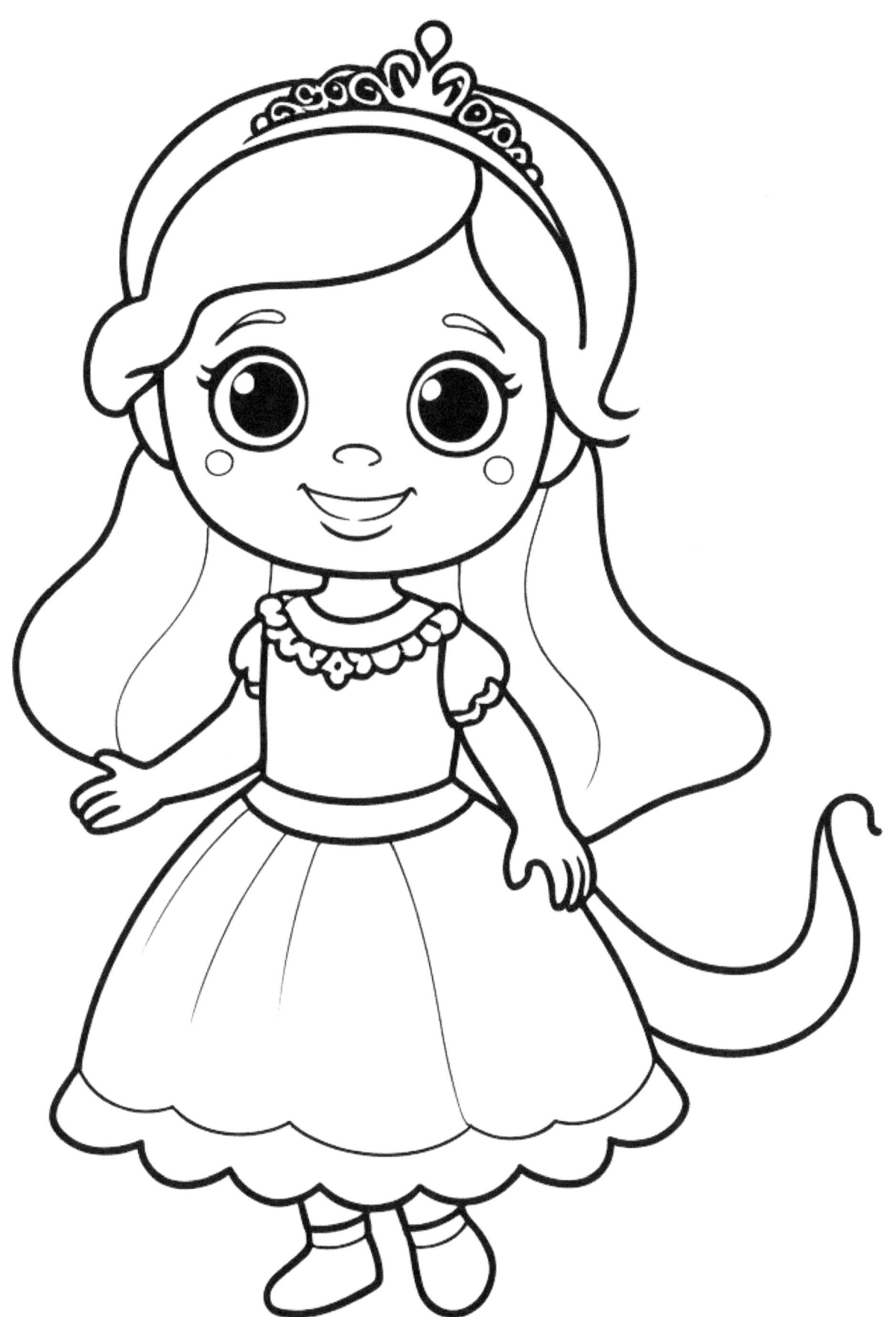

Princesa

_____

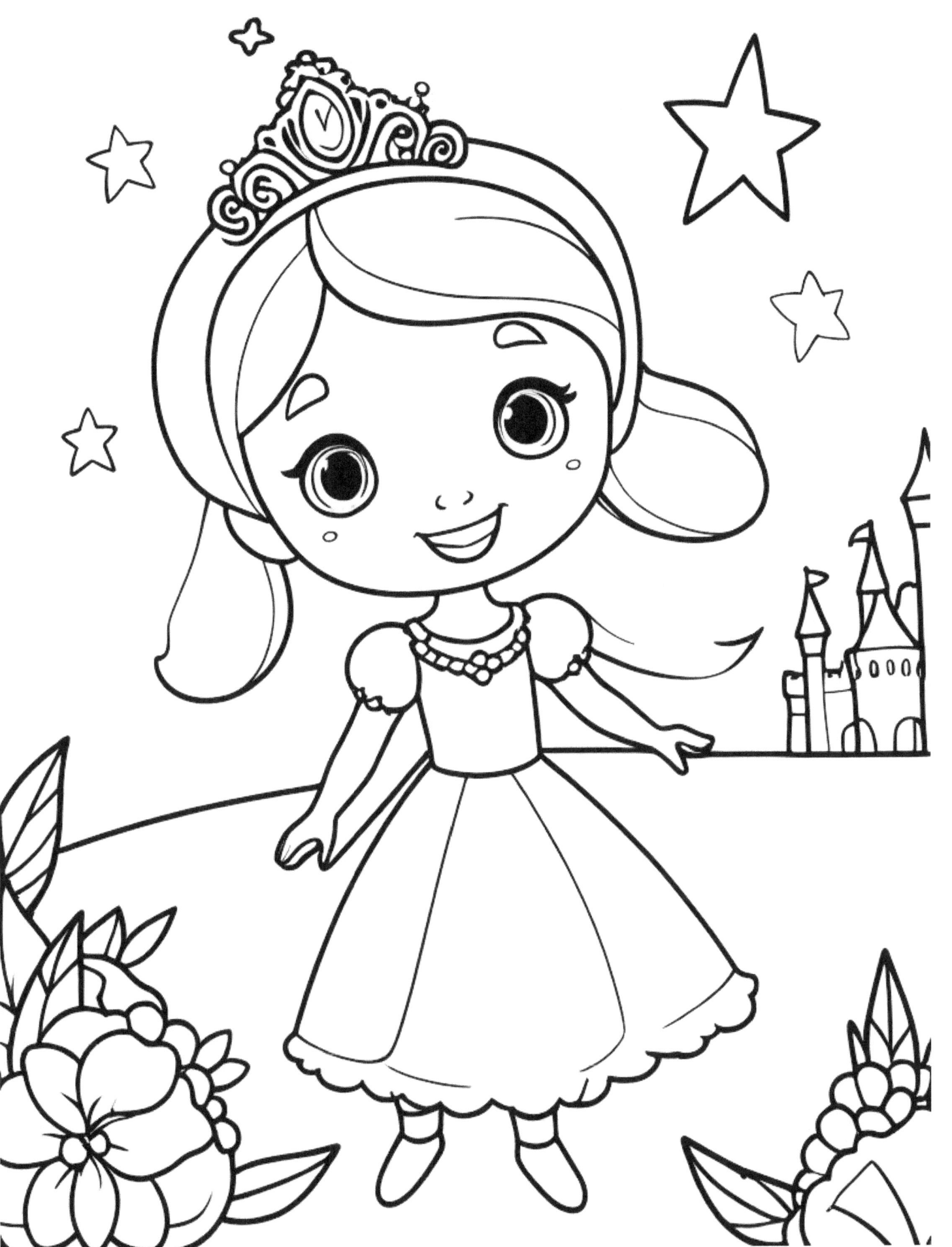

Princesa

_____

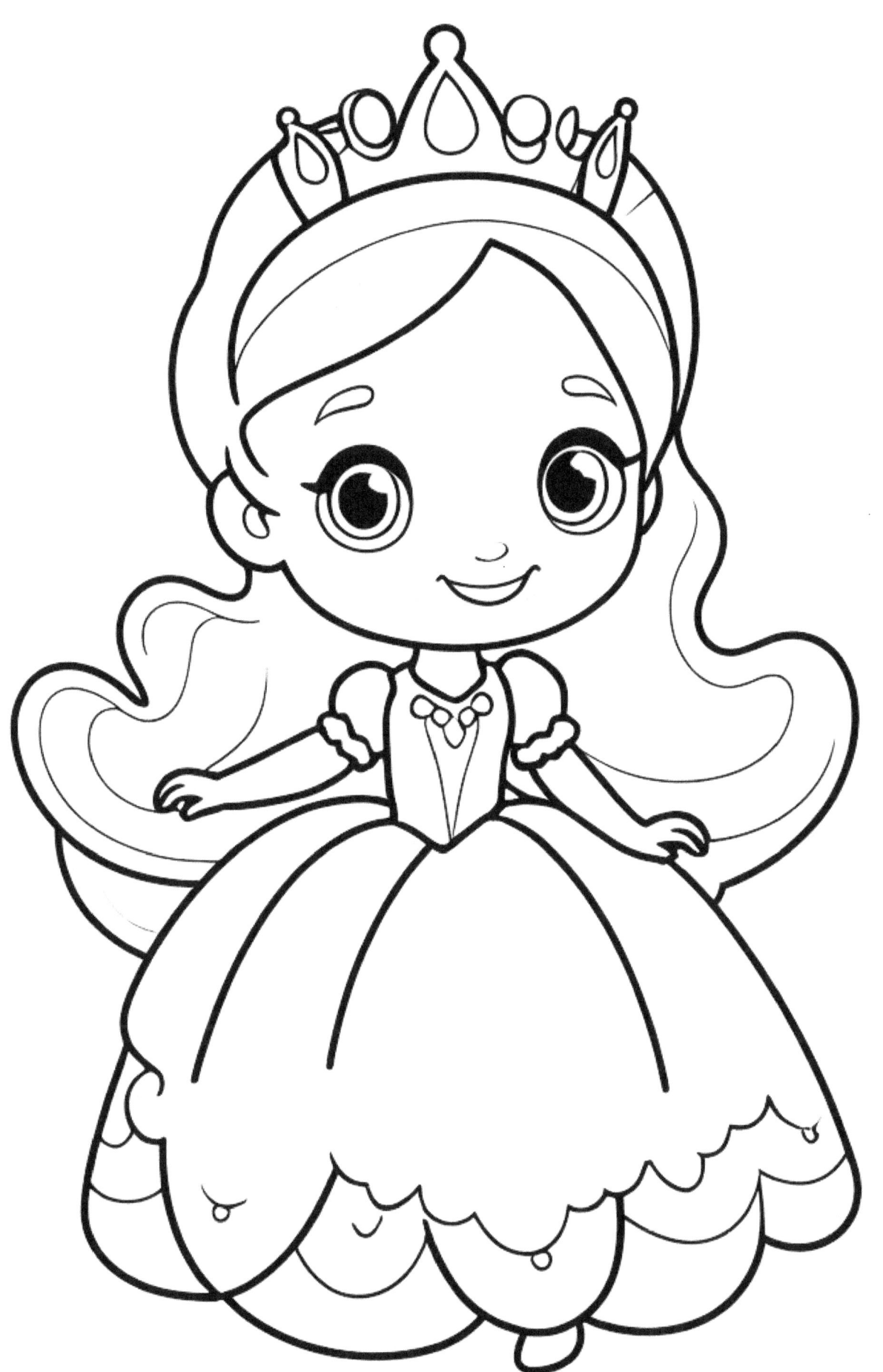

Princesa

_____

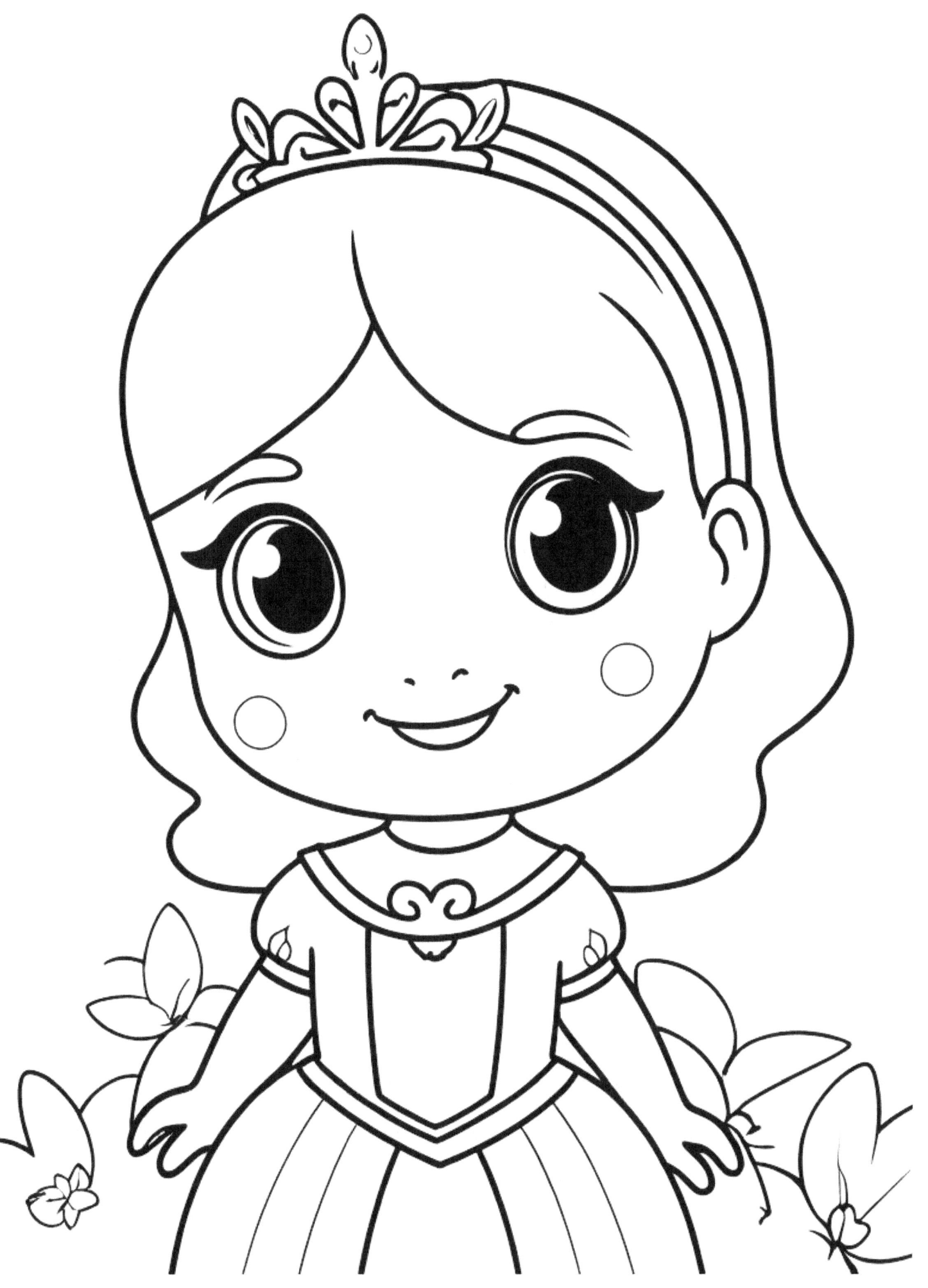

Princesa

_____

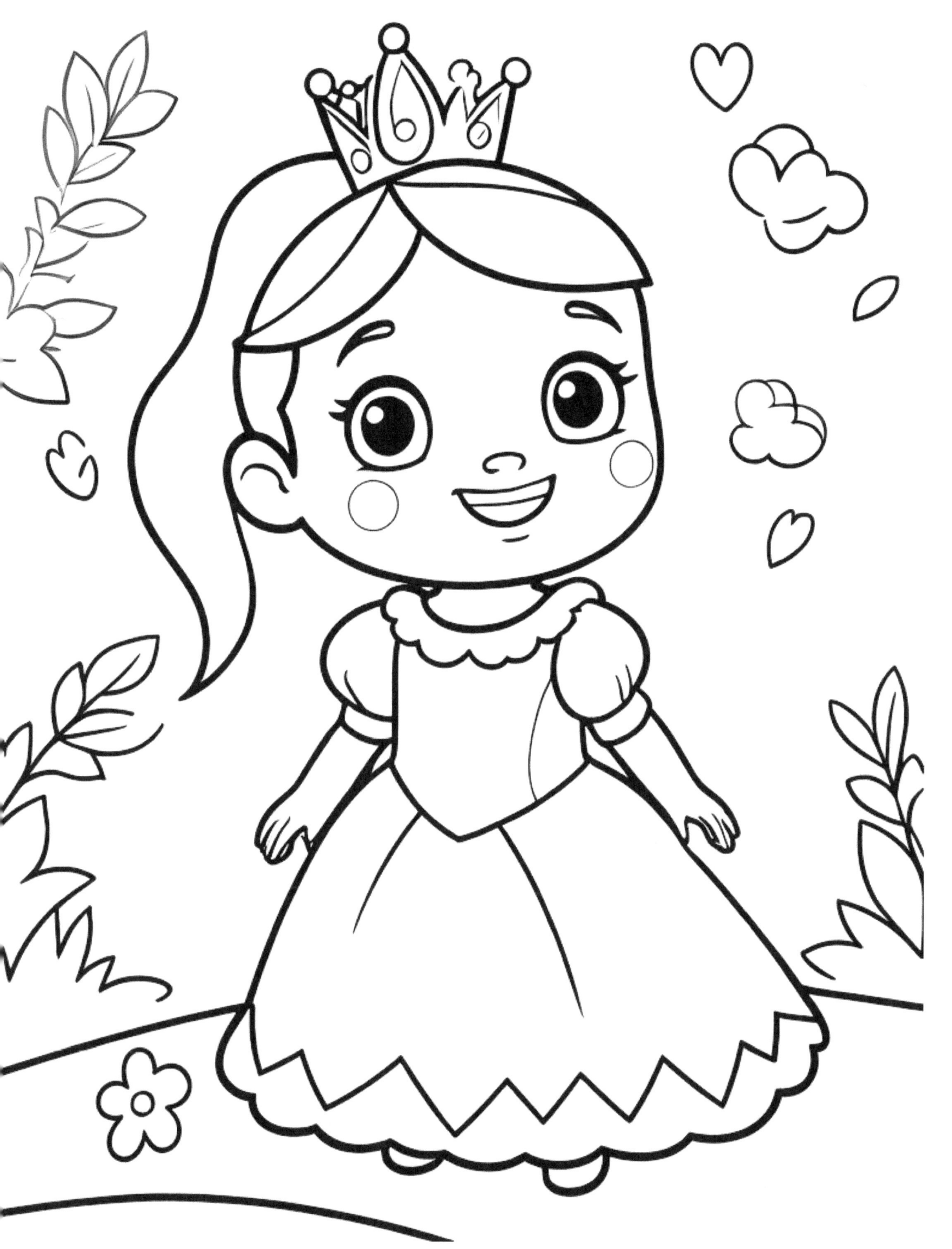

Princesa

_____

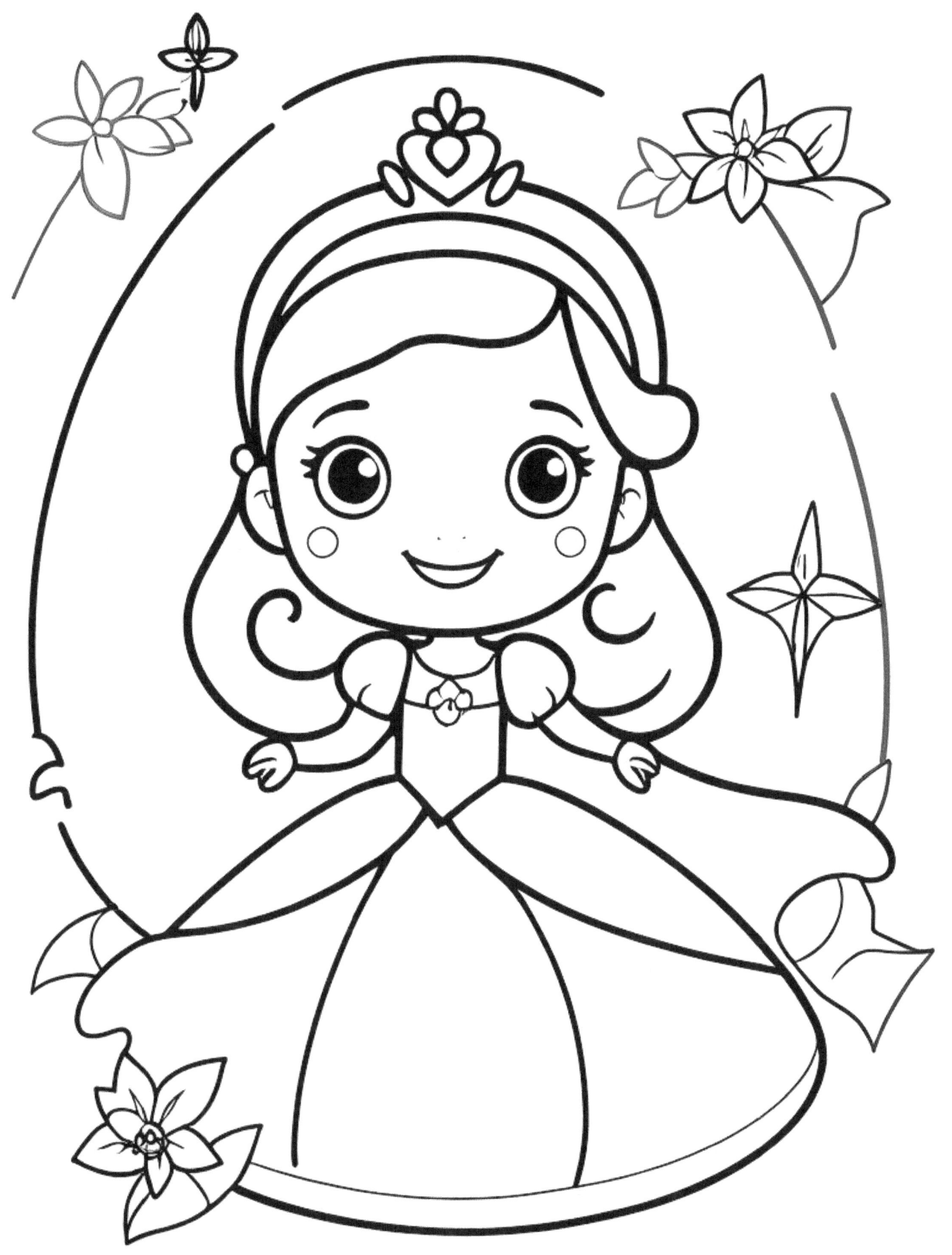

Princesa
_____

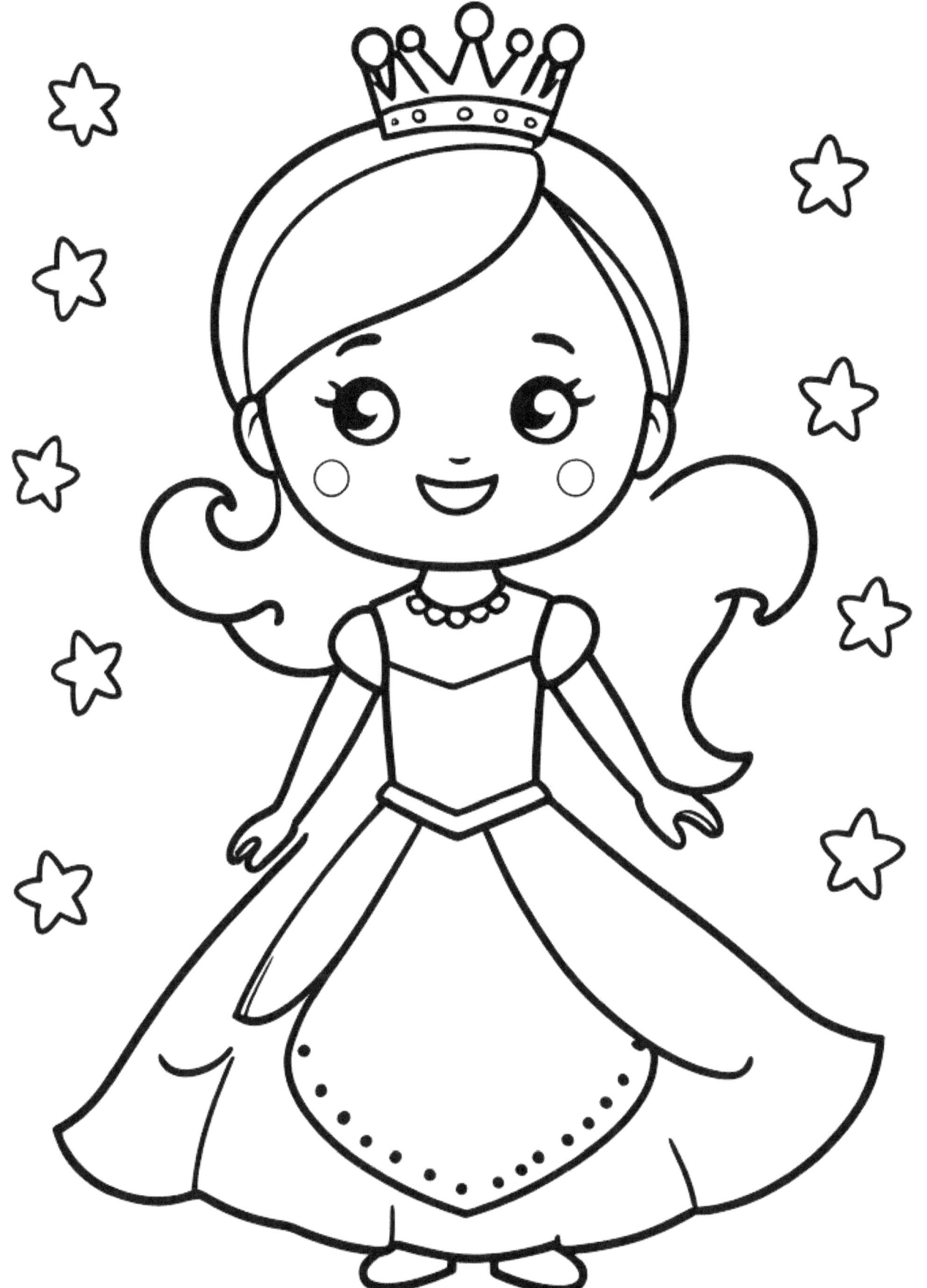

Princesa
_____

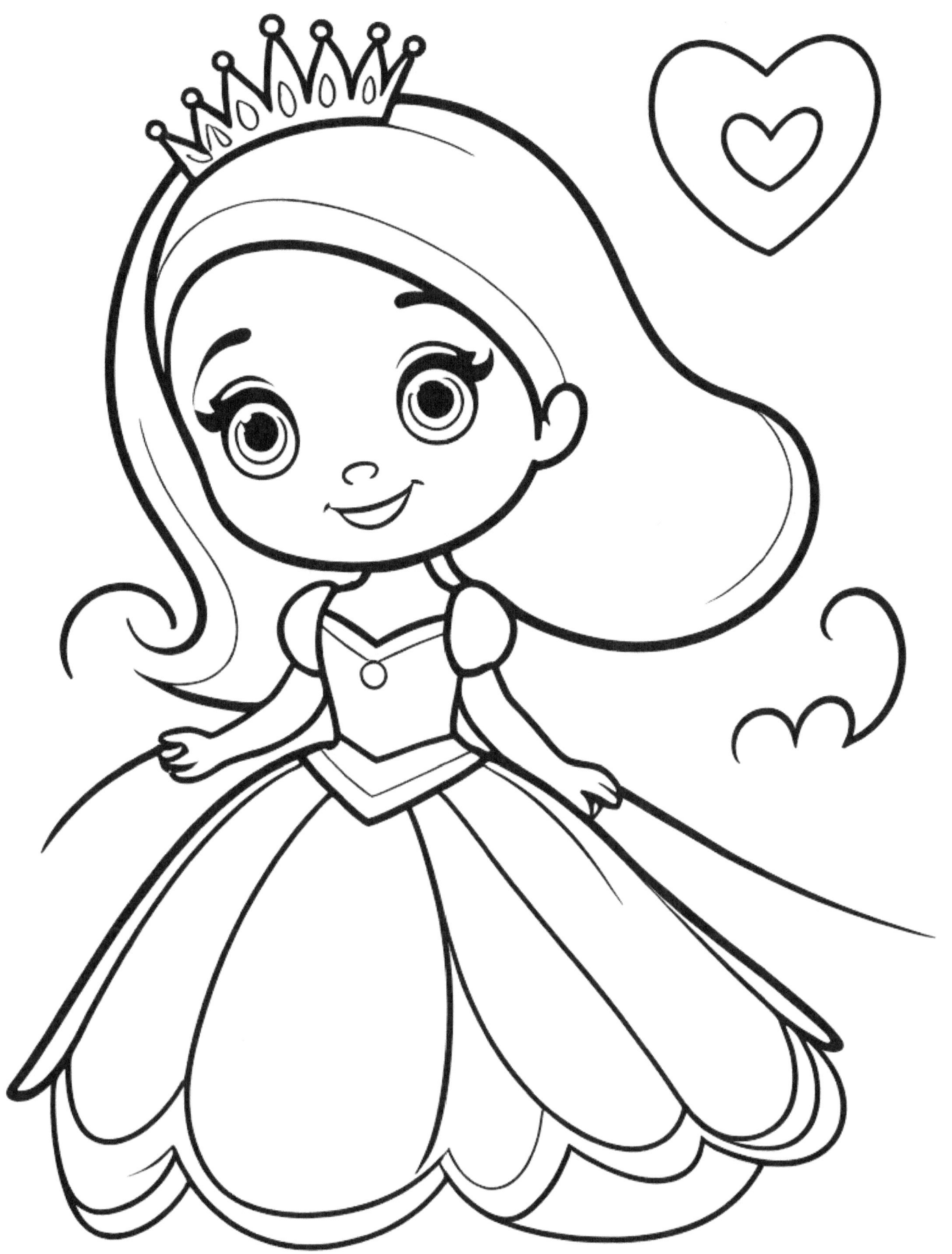

Princesa
_____

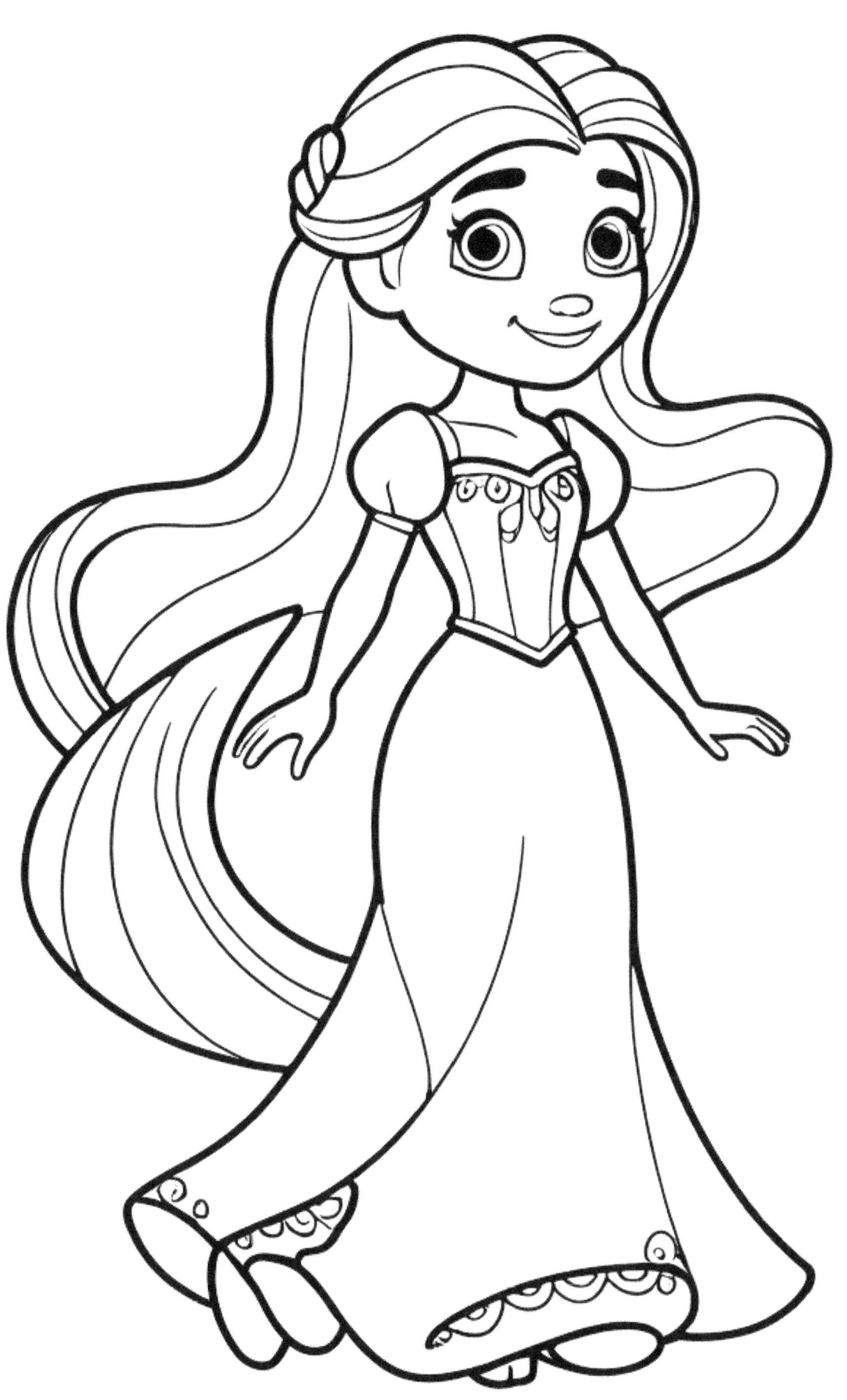

Princesa

_____

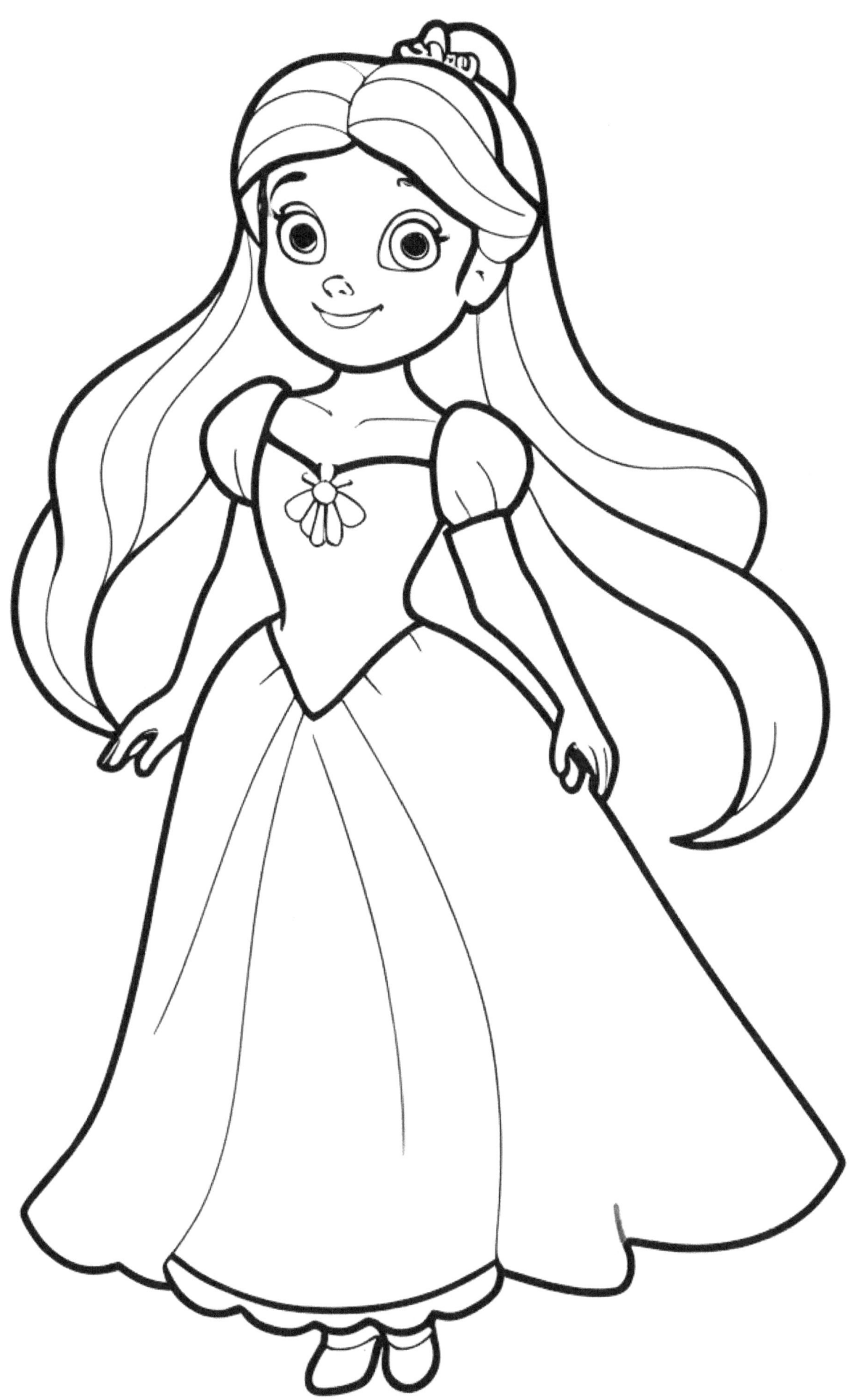

Princesa

_____

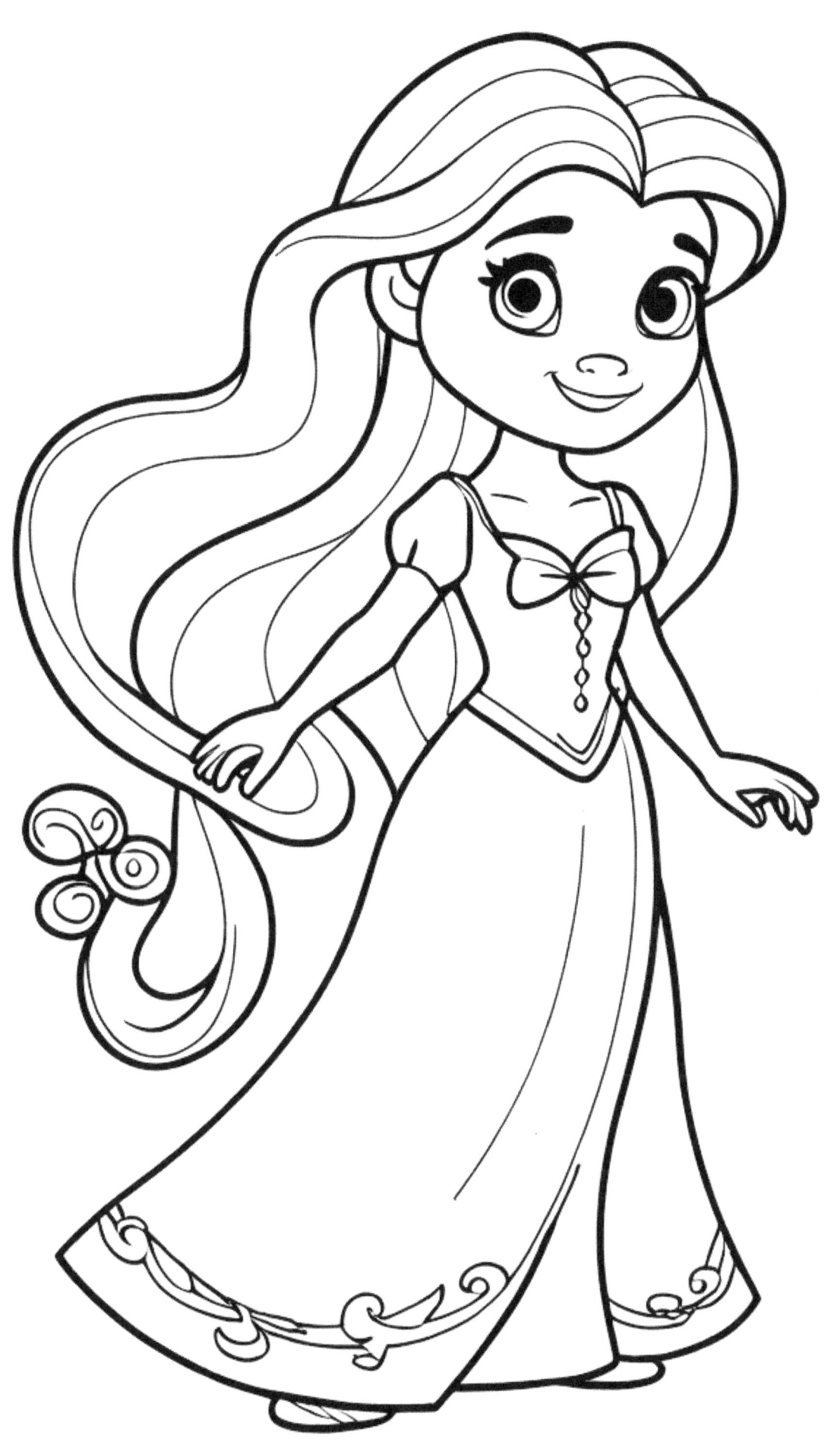

Princesa

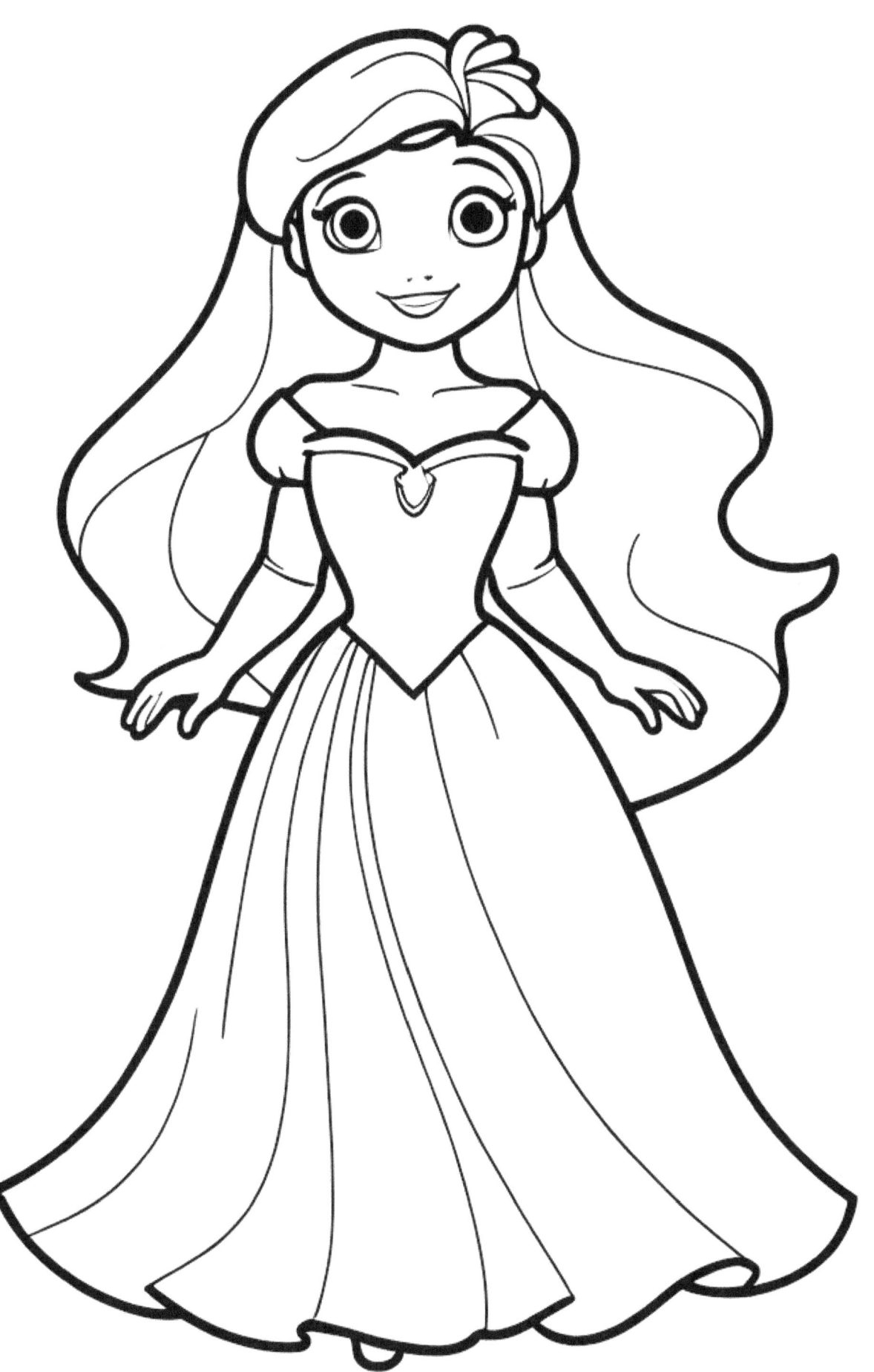

Princesa

_____

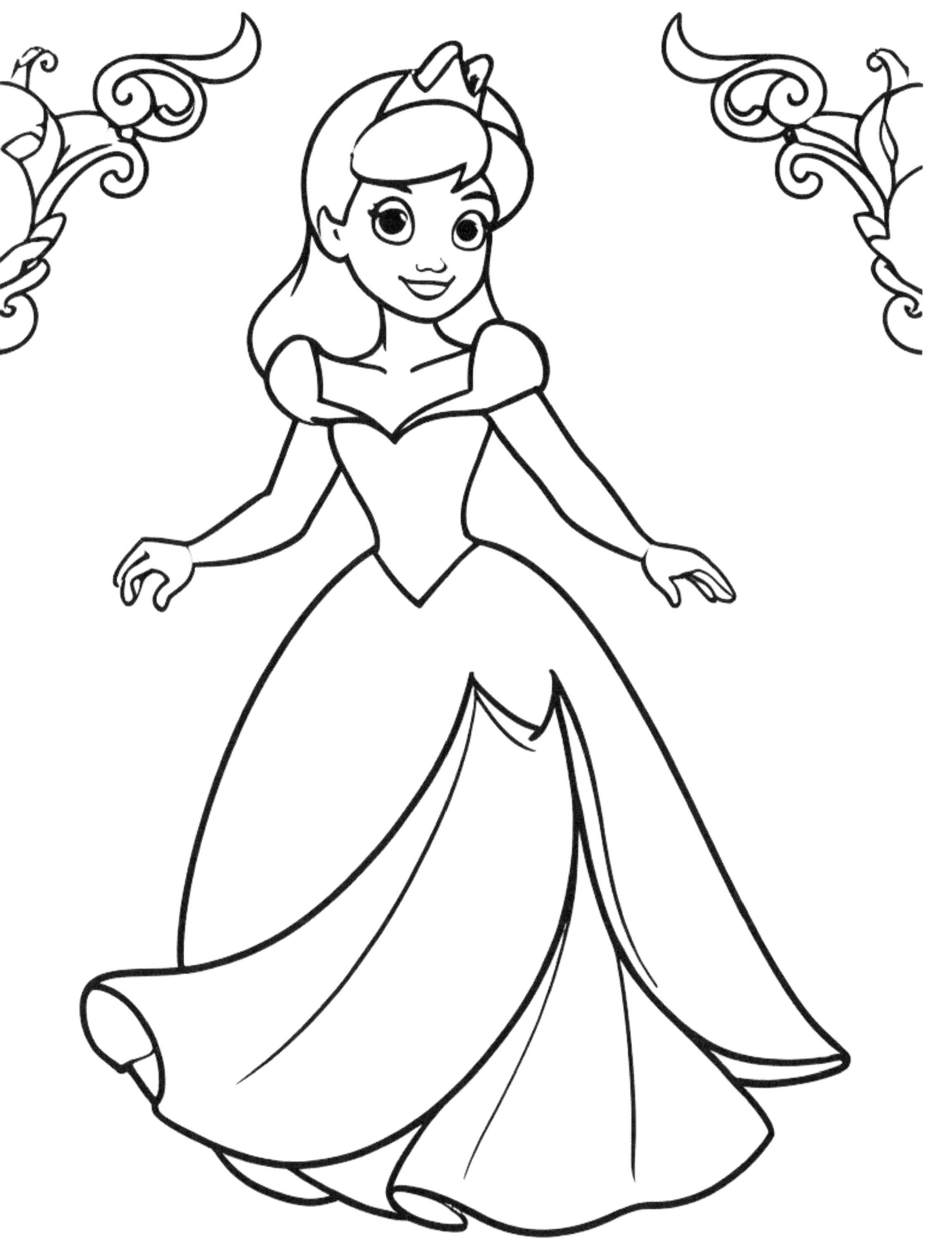

Princesa

_____

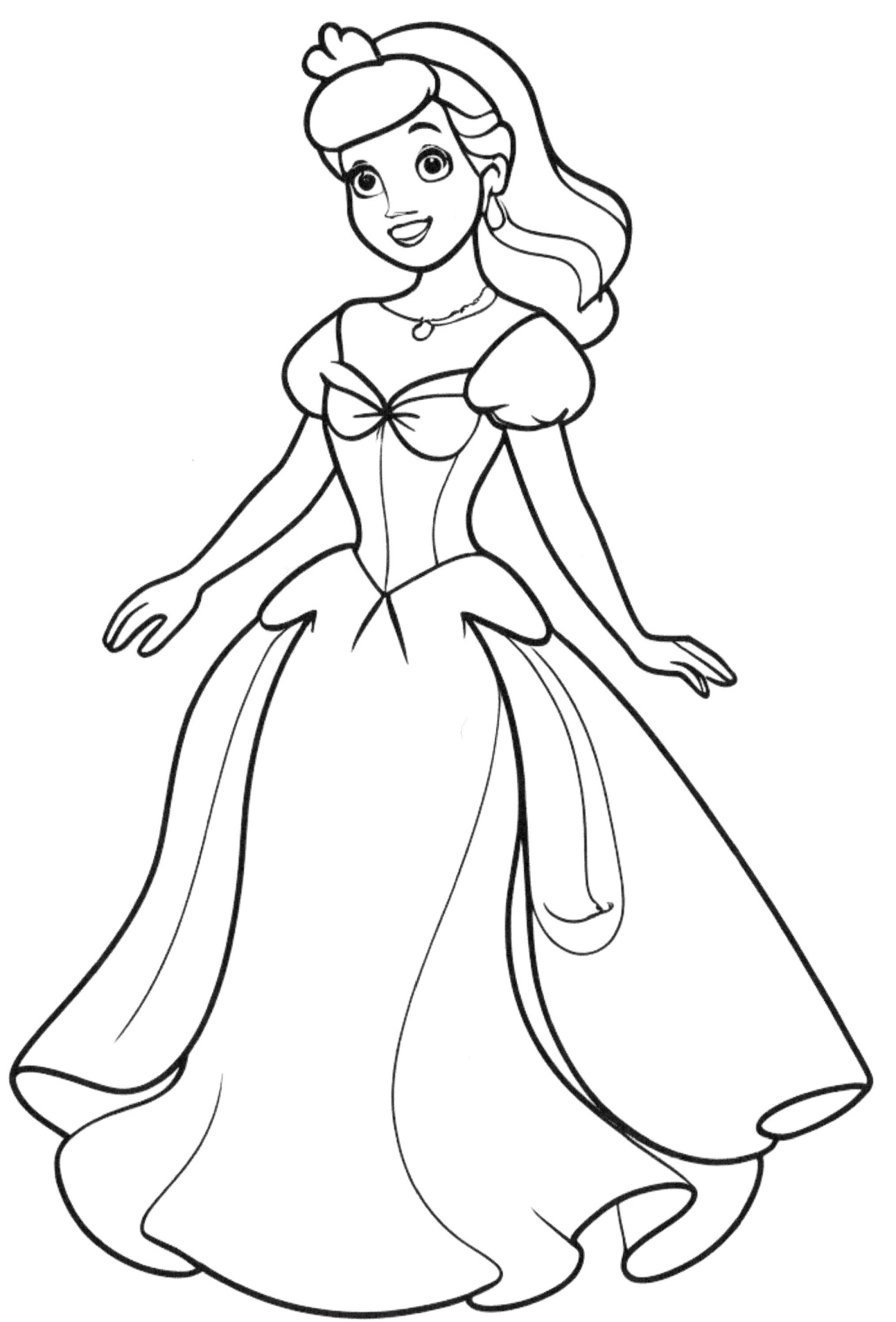

Princesa

_____

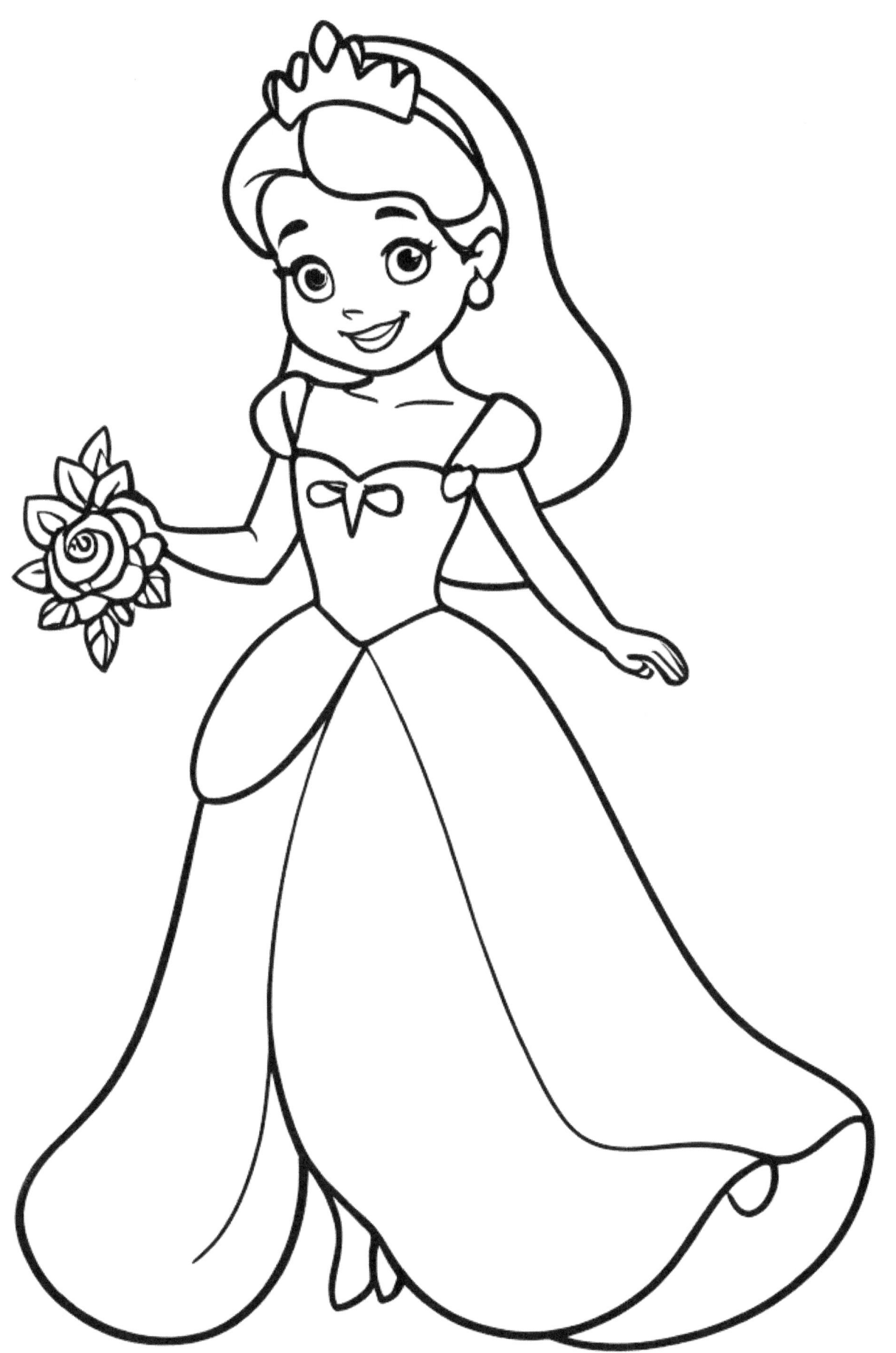

Princesa

_____

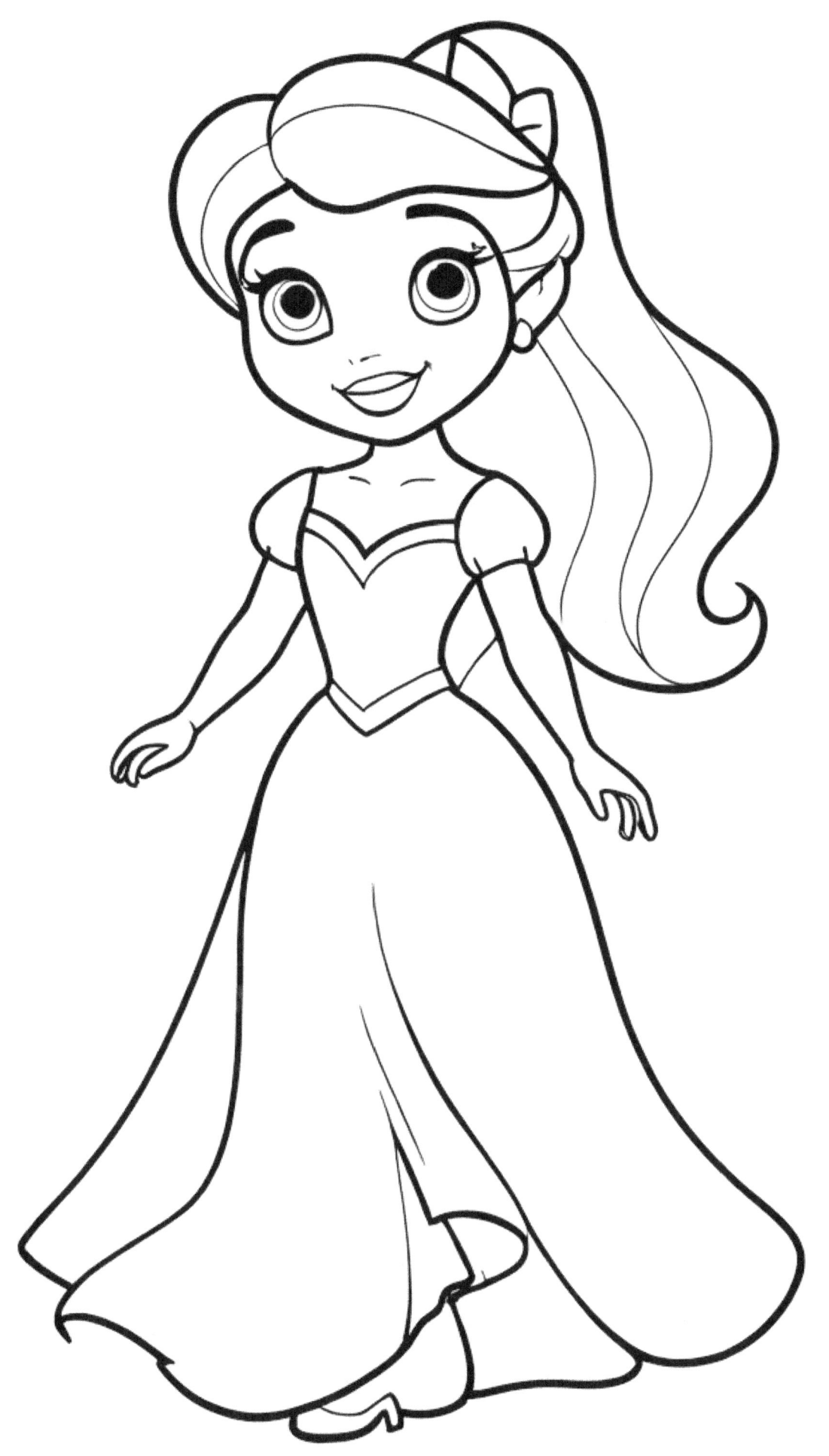

Princesa

_____

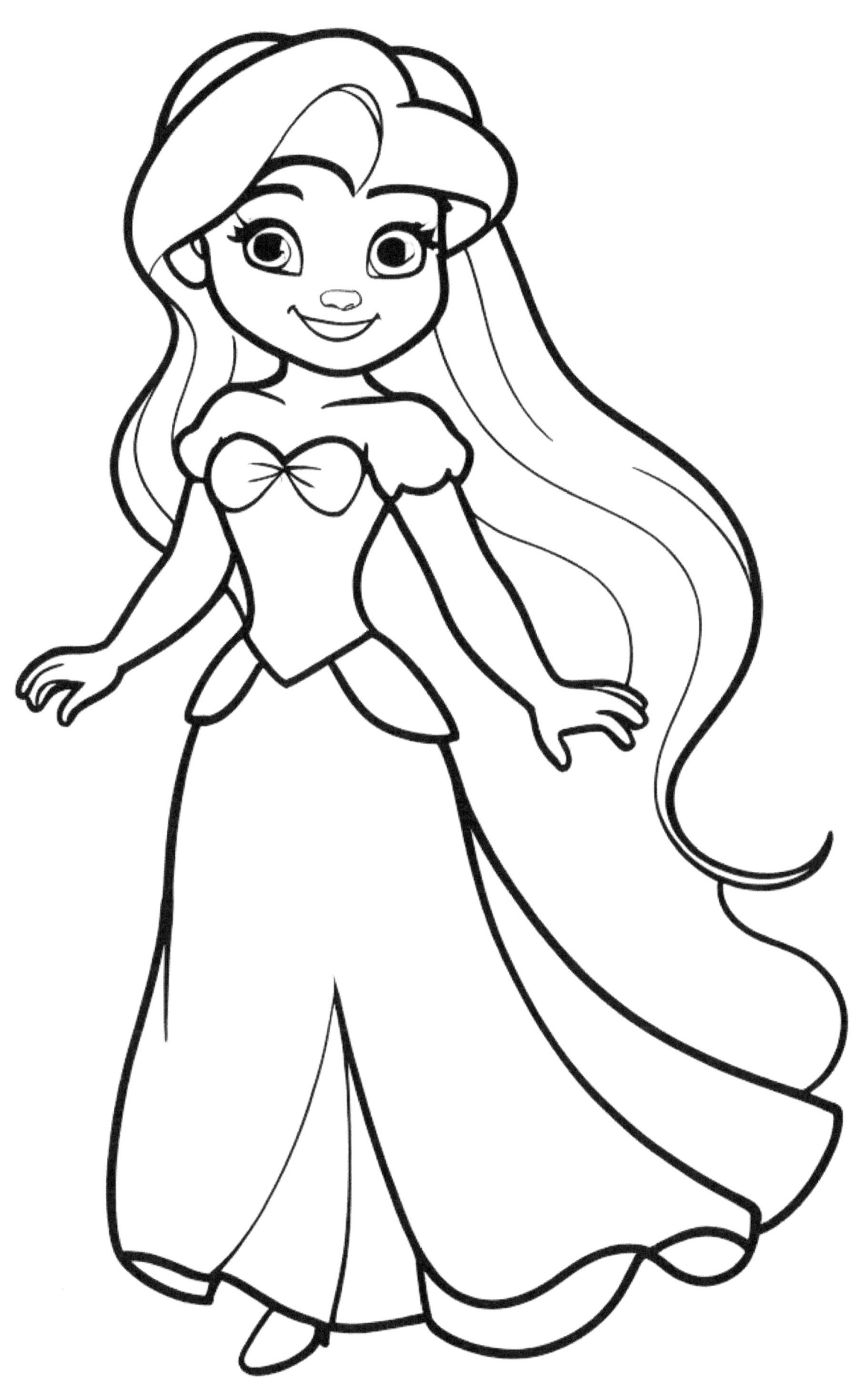

www.ingramcontent.com/pod-product-compliance
Lightning Source LLC
Chambersburg PA
CBHW062220220526
45471CB00009B/3280